Liebe Leserinnen, liebe Leser!

Oberösterreich – hier wurde die Sommerfrische erfunden und mit ihr ein sinnlich-gelassener Lebensstil. Hier wurde aber auch seit jeher hart gearbeitet: in Salzstollen, in der Landwirtschaft, in Stahl- und Eisenwerken. In diesem Spannungsfeld steht eine Landschaft, die fast alles umfasst, was Österreich anziehend macht: schroffe Berge, romantische Gewässer, fruchtbare Ebenen. Nur Weinberge und Steppen fehlen.

Immer wieder ging eine Grenze quer durch das Land – in der langen Zeit, da große Teile Oberösterreichs zu Bayern gehörten. Und bis 1955, als die Enns die amerikanische und die sowjetische Besatzungszone trennte. Vielleicht ließ das ständige Bewusstsein der Grenznähe die geschlossenen, fast festungsartigen Bauernhöfe entstehen und die schön geschmückten Stadtplätze hinter festen Mauern. Hier war man in Sicherheit, hier konnte sich das starke Selbstbewusstsein von Menschen bilden, die Gefahren abwehren und doch für freundliche Begegnungen offen bleiben. Diese Haltung hat Oberösterreich zu einer der wirtschaftlich aktivsten Regionen gemacht, mit einer hohen Sensibilität für den Wert einer intakten Umwelt.

Die Autorin Eva Bakos aus Wien und der Fotograf Thomas Peter Widmann aus Regensburg haben das drittgrößte Bundesland der Alpenrepublik kreuz und quer bereist und seine vielen Facetten in Wort und Bild eingefangen. Freuen Sie sich auf freundliche Begegnungen!

Ihr HB-Bildatlas-Team

***Reines Vergnügen:* Bootsfahrt auf dem türkisblauen Attersee, dem größten See im Salzkammergut.**

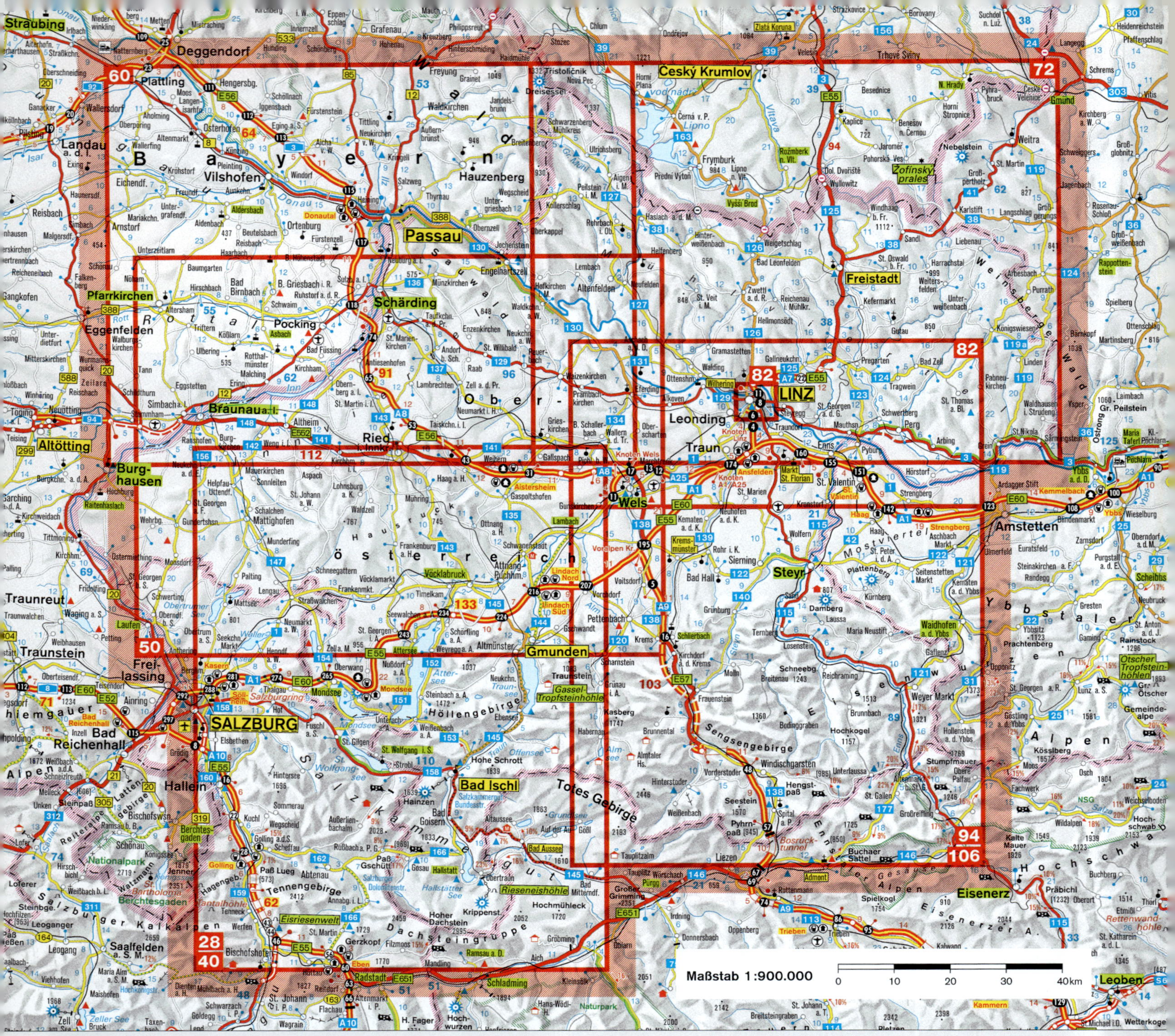

Barock: Altarmadonna in Lochen bei Mattighofen

Als die ›größte Polarlandschaft Mitteleuropas‹ werden die Eishöhlen am Dachstein bezeichnet.

Inhalt

Besuchen Sie uns im Internet:
www.hb-verlag.de

Top Ziel – Besonders Sehenswert

Land der Seen und Berge

Das Salzkammergut, Land der 76 kristallklaren Seen inmitten herausfordernder Berge, bietet Familien und Individualisten die ideale Urlaubskombination aus Sport, Kultur und gepflegter Gastlichkeit. In Unterach am Attersee badet man mit Blick auf das Höllengebirge.

Selbstbewusste Handelsstädte

Bürgerliches Selbstbewusstsein spricht aus den fest gefügten Stadtplätzen Oberösterreichs. Von den schönen, maßvoll geschmückten Fassaden der Städte hinter festen Mauern lässt sich der Wohlstand früher Zeiten ablesen. Die reiche Landwirtschaft und die florierende Eisenindustrie lieferten den Handelsleuten gut verkäufliche Produkte. Einer der größten Stadtplätze Österreichs findet sich in Linz – in seiner Mitte die barocke Dreifaltigkeitssäule mit ihrem überreichen Figurenschmuck.

Schnitzkunst vom Feinsten

Die gotischen Altäre von St. Wolfgang, Hallstatt und Kefermarkt sind Kunstwerke von Weltgeltung. Ihr Formenreichtum und die Innigkeit der Darstellung lassen keinen Betrachter unberührt. An dem Altar von St. Wolfgang arbeiteten der Schnitzer und Maler Michael Pacher aus Bruneck, sein Sohn Hans sowie sein Namensvetter Friedrich Pacher von 1477 bis 1481.

Gebändigte Gewässer

Auf den schnellen, starken Bächen und Flüssen der Gebirgsregion Pyhrn-Eisenwurzen wurde Roheisen zu den Schmieden transportiert. Heute behüten Naturschutzgebiete und der Nationalpark Kalkalpen die kostbare Berg- und Wasserlandschaft. Das Stodertal mit dem Prielmassiv zieht Bergwanderer an.

KEIKO

Kreativität in der Küche

Oberösterreichs Küche spiegelt sowohl die bäuerliche Tradition als auch die Sommerfrischenkultur, die städtische und ländliche Gerichte vereint. Dabei sind nicht nur die Köche sehr kreativ. Immer fantasievoller werden auch die Mehlspeisenkreationen der Cafés – Torten, Schnitten, Strudel, Stollen. Das Café ›Blumensträußl‹ in Grein hat überdies eine historische Einrichtung aufzuweisen.

Wellness mit Kultur

Wohltuend und abwechslungsreich: Kuren in Oberösterreich. Überall wird das körperliche Wohlbefinden mit kulturellen Events verstärkt, wie hier beim Badespaß mit Musik in der Therme Geinberg. Die großräumige und komfortable Therme wurde erst vor einigen Jahren gebaut.

Perfekte Inszenierung

Irrsee, Fuschlsee, Mondsee, Wolfgangsee, Hallstätter See, Altausseer See – nicht alle liegen in Oberösterreich, doch alle verbindet malerische Schönheit. In Hallstatt gewannen schon die Kelten Salz und tauschten es gegen Gold, Elfenbein, Bernstein. Später mehrte das ›Weiße Gold‹ den Besitz der Habsburger, die lange keine Fremden in ihren Salzbergen duldeten. Seit gut hundert Jahren ist der Touristenstrom jedoch nicht mehr zu bremsen. Ob ›Weißes Rössl‹ oder ›Trapp-Familie‹ – Operette und Film verhalfen dem Salzkammergut zu Weltruhm.

Hallstatt am Hallstätter See ist erst seit 1890 über eine Straße erreichbar. Der Bootsverkehr spielt bis heute eine wichtige Rolle.

▲ *Hallstatt: typische Sommerfrischenvilla ...*

▼ *... und behäbige Bürgerhäuser am Markt*

▼ *Keltischer Salztragesack aus Leder*

▲ *Hallstatts traditionelle Fronleichnamsprozession mit blumengeschmückten Booten*

▲ *Pfarrkirche Mariä Himmelfahrt: spätgotischer Altar, ...* ▼ *... bemalte Schädel im Beinhaus*

Der Blick auf Hallstatt von der hoch gelegenen Umgehungsstraße raubt einem den Atem: tief unten der smaragdgrüne See, dazwischen ein Steilhang, in den sich Häuser mit schrägen Dächern verkrallen. Seit Jahrhunderten halten sie sich gegen alle Gesetze der Schwerkraft in Balance. Und nur wenige Kilometer entfernt: das schroffe Dachsteinmassiv mit seinen eisigen Riesenhöhlen.

Der Mann im Salz

Hallstatt birgt ein Geheimnis, das zweitausend Jahre unter der Erde lag. Niemand ahnte etwas davon, als man 1734 in einem Stollen des Salzbergwerks einen vom Salz konservierten Männerkörper fand. Erst als 1846 beim Rudolfsturm ein reich geschmücktes Skelett und in der Folge 980 Keltengräber mit kostbaren Beigaben entdeckt wurden, drängte die Vergangenheit Hallstatts ans Licht: Hier bestand von etwa 750 bis 450 v. Chr. ein keltisches Wirtschaftsimperium mit erstaunlich weit reichenden Handelsbeziehungen. Quelle des Reichtums war das Salz, das über halsbrecherische Pfade zur Adria gebracht und bis nach Afrika verschifft wurde.

Wie sensationell die Gräber waren, verbreitete sich erst langsam, als die 20000 Funde mit anderen keltischen Stücken verglichen wurden. Der schwedische Archäologe Hans Hildebrand fasste alle Funde unter dem Namen Hallstattkultur zusammen. Hallstatt bekam ein Stück Geschichte zurück.

Region für sich: Salzkammergut

Man wusste ja nur, dass seit dem Mittelalter Salz gefördert wurde. Hallstatt war seit damals Teil des kaiserlichen Kammerguts, das sich ab 1311 bis nach Aussee (Steiermark) erstreckte und das niemand ohne Genehmigung betreten durfte. Das schuf besondere Sozialstrukturen – und eine vitale, eigenständige Volkskultur. Bis ins 19. Jahrhundert standen Bauern, Bergleute, Fischer, Jäger, Holzarbeiter im Dienst des Hofes. Erst als die Bedeutung des Salzbergbaus schwand, wurde das Salzkammergut allgemein zugänglich. Die Schönheit der Berg- und Seenlandschaft bezauberte zuerst Künstler und stadtmüde Individualisten. Das Ausseerland wurde

▲ ›Goiserer‹ heißen die traditionellen eisenbeschlagenen Bergschuhe aus Bad Goisern

▲ ›Parzivaldom‹ in der Rieseneishöhle im Dachstein

▲ Bei den ›Gamsjagatagen‹ in Bad Goisern

▼ Mondseer Rauchhaus

▼ Gosau

▼ Startpunkt für Paraglider: der 2075 Meter hohe Krippenstein bei Obertraun

ihr Refugium. Bad Aussee, Altaussee und Grundlsee entwickelten so eine reizvolle bäuerlich-städtische Mischkultur, die sehr viel Altes erhielt und das Neue behutsam daran anpasste.

SPECIAL

Uralter Siedlungsraum

Mit der schnaubenden, ruckenden Nostalgiebahn von St. Wolfgang aus den Gipfel des Schafbergs zu bezwingen, ist eine Möglichkeit, weit ins Land zu schauen: zum Dachstein, zu den Berchtesgadener Alpen, ja bis zum Böhmerwald – und in das idyllische Seetal, in dem sich, nur durch eine Bergkette vom Wolfgangsee getrennt, der Mondsee ausbreitet, wärmster Badesee des Landes. Die freundliche, von sanften Hügeln und steil abfallenden Wänden geschützte Landschaft war bereits ab 2800 v. Chr. von Pfahlbauern besiedelt. Das weiß man erst seit Ende des 19. Jahrhunderts, als man ihre scharfen Steinäxte, ihre Kolliers aus Steinperlen und Tierzähnen und ihre kunstvolle Keramik auf dem Seeboden fand. Sogar fünftausend Jahre alte Speise- und Kleidungsreste waren erhalten geblieben.

Vom Stift beherrscht: Mondsee

748 gründete der bayerische Herzog Odilo am Mondsee ein Kloster, das bis 1791 bestand. Seine Mönche waren begabte Buchmaler und schufen den Tassilopsalter, das erste in Österreich geschriebene und bis heute erhaltene Buch, und die erste deutsche Bibelübersetzung, den ›Mondseer Matthäus‹, eine der größten Kostbarkeiten der Wiener Nationalbibliothek.

Aus der Stiftskirche machten die Benediktiner ein Baujuwel, Pilgerziel zahlloser amerikanischer und japanischer Touristen. Denn in dem triumphalen Barock, der die Gotik überwuchert, wurde die Hochzeitsszene des mit fünf Oscars ausgezeichneten Films ›Sound of Music‹ gedreht, die Geschichte der singenden Trapp-Familie, die 1938 nach Amerika auswanderte. Julie Andrews spielte die Novizin Maria Trapp (1905–1987), welche die sieben verwaisten Trapp-Kinder betreute, deren Vater heiratete und schließlich den Familienchor gründete.

▲ Ehemalige Stiftskirche Mondsee

▼ Markant: die schroffe Drachenwand am Mondsee

▲ ›Kinderln‹ am Guggenbichler-Altar in Mondsee

▲ Bad Ischl: Kaiservilla mit temporärer ›Bekrönung‹

▼ Ischls Tortentempel ›Zauner‹

In den Ort Mondsee zieht es besonders Akteure und Publikum der Salzburger Festspiele. Im August hallen dialektschwere ›Jedermaaann‹-Rufe zum See: Seit 1922 wird im Karlsgarten neben dem Stift von bäuerlichen Laienspielern die Geschichte vom Sterben des reichen Mannes aufgeführt, Pendant zum professionellen Salzburger ›Jedermann‹. Das Stift selbst bietet heute als Veranstaltungszentrum den Konzerten und Lesungen der Mondseetage einen exklusiven Rahmen.

Wo schon der Hof kurte: Ischl

Die beste Reklame für Bad Ischl war die Geburt des späteren Kaisers Franz Joseph. Seiner Mutter, Erzherzogin Sophie, die zuvor sechs Jahre lang kinderlos geblieben war, verhalfen die Solebäder und die entspannende Wirkung der Landschaft zu drei ›Salzprinzen‹. Bad Ischl wurde zur offiziellen Sommerresidenz des Hofes – und schicksalhaft: Hier verliebte sich Kaiser Franz Joseph in die bezaubernde bayerische Prinzessin Elisabeth, die Sisi. Hier heiratete die Tochter des Kaiserpaares, Valerie. Hier trauerte der Kaiser um seinen Sohn Rudolf, der Selbstmord begangen hatte. Hier erfuhr er, dass Kaiserin Elisabeth von einem Anarchisten getötet worden war. Hier unterzeichnete er 1914 die Kriegserklärung an Serbien.

Ausländische Monarchen kamen nach Bad Ischl; bekannte Künstler, wie Franz Léhar, bauten ihre Villen an der Traun. Der legere kaiserliche Lebensstil machte Mode: Man ging zur Jagd, wanderte, trug Lodenanzug, Dirndl und Goiserer, die bäuerlichen Bergschuhe. Ein Lebensgefühl fand seine Form: das elegante Understatement der Städter in domestizierter Natur.

Wallfahrtsziel Wolfgangsee

Um 1900 wurde auch der nahe Wolfgangsee von Sommerfrischlern entdeckt. Sein Hauptort, St. Wolfgang, war allerdings schon im Mittelalter Ziel von Wallfahrern. Sie besuchten das Heiligtum des aus Regensburg geflohenen Bischofs Wolfgang, der sich ursprünglich 976 ins Kloster Mondsee zurückgezogen hatte.

Obwohl der Wolfgangsee zur Diözese Passau gehörte, wollte der Bischof sein Einflussgebiet dorthin erweitern. Eine farbige

▲ St. Wolfgang: Pacher-Altar in der Pfarrkirche

▼ Straßenfest in St. Wolfgang

▼ Luftige Bootshäuser am Wolfgangsee

▼ Jausenstation am Schafberg

▲ *Operettenberühmtes Hotel: ›Weißes Rössl‹* ▼ *Die uralte Lebzelterei Wallner im Ortszentrum*

Legende sollte das begreiflich machen: Mit kraftvoll geschleuderter Hacke soll der Bischof sein neues Revier abgegrenzt haben. Sie flog, so erzählte man sich, eine ganze Stunde lang durch die Luft, und wo sie zur Erde fiel, entstand eine Kapelle. Daraus entwickelte sich im Laufe der Jahrhunderte eine Kirche, voll der kostbarsten Kunstwerke. Die Pilger, die sie besuchten, labten sich nicht nur an dem Brunnen davor, sie ließen auch die Gasthäuser und Herbergen gut verdienen – abzulesen an den behäbigen Bürgerhäusern.

SPECIAL

Operette und Bienen

Weltberühmt wurde St. Wolfgang erst im ersten Drittel des 20. Jahrhunderts, als aus einem alten Stück um eine resolute Wirtin und ihren Oberkellner eine der erfolgreichsten Operetten der Musikgeschichte entstand: ›Im Weißen Rössl‹. Ralph Benatzky, Robert Stolz und Bruno Granichstaedten schufen die Melodien, die in Berlin, Paris, London, Wien, New York, Kairo sofort zu Schlagern wurden. Es gibt unzählige Verfilmungen. Eine davon, mit Peter Alexander, läuft noch heute im Kino von St. Wolfgang.

Den Gasthof ›Weißes Rössl‹, inzwischen riesengroß geworden, kennt jeder. Aber kaum jemand weiß, dass die Bienen vom Wolfgangsee den späteren Nobelpreisträger Karl von Fritsch so faszinierten, dass er ihre Sprache erforschte.

Bäuerliches Zell am Moos

Unter strengem Naturschutz liegt der Zeller- oder Irrsee in sanft welliger Landschaft. Der Hauptort, Zell am Moos, ist ein Ort mit bäuerlichen Traditionen – der Bildhauer Hans Mairhofer hat sie im Heimathaus bewahrt. In einer Räucherküche aus dem 18. Jahrhundert, einer Schnapsbrennerei und einer Hausmühle lässt sich das bäuerliche Leben im Mondseeland in einer anderen Zeit nachvollziehen. Inmitten von üppig wuchernden Pflanzen der Gartengalerie sind sein Werk und die Keramiken seiner Tochter Monika zu sehen. Die alten bäuerlichen Geräte verbinden sich mit den Skulpturen und Tongebilden zu einer schönen Einheit.

50
60
72
82
50
50
94
106
Mattighofen
Kobernaußerwald
Hausruck
Ried i. Innkr.
Haag a. Hausr.
Lambach
Schwanenstadt
Vöcklabruck
Attnang-Puchheim
Lenzing
Seewalchen
Frankenmarkt
Straßwalchen
Neumarkt a. Wallersee
Gmunden
Altmünster
Traunsee
Traunstein
Attersee
Mondsee
Thalgau
Salzburg
Fuschl
St. Gilgen
St. Wolfgang i. S.
Wolfgangsee
Bad Ischl
Höllengebirge
Ebensee
Salzkammergut
Hallein
Bad Aussee
Altaussee
Grundlsee
Hallstatt
Hallstätter See
Obertraun
Dachsteinhöhlen
Krippenstein
Bad Goisern
Gosau
Tennengebirge
Hagengebirge
Kalkalpen
Paß Lueg
Golling
Abtenau
Lammertal
Werfen
Eisriesenwelt
Bischofshofen
Hüttau
Eben i. P.
Radstadt
Ramsau a. D.
Schladming
Dachstein
Hoher Dachstein
Dachsteingruppe
Salzburger Dolomitenstraße
Postalm
NSG
1
2
3
4
5
6
7
8

Infos

Zell am Moos 1

Der 5 km lange Zeller- oder Irrsee ist einer der beliebtesten Fischerseen des Salzkammerguts.

Museum: Heimathaus (Dorfstr. 20, Mai–Okt. Fr.–Mo. 14.00–18.00 Uhr).

Aktivitäten: 3 Strandbäder am See.

ⓘ Tourismusverband, Kirchenplatz 1, A-4893 Zell am Moos, Tel. 06234/8215, www.zellammoos.at

Mondsee 2

Der idyllisch am gleichnamigen See gelegene Ort (418 m) ist ein uralter Siedlungsplatz, vis-à-vis der Drachenwand (1329 m).

Sehenswert: Die ehemalige **Stiftskirche**, jetzt Pfarrkirche St. Michael (1104 gegründet, 1487 gotischer Bau), wurde im Barock kostbar ausgestattet, u. a. mit dem Corpus-Christi-Altar von Meinrad Guggenbichler.

Museen: Heimat- und Pfahlbaumuseum im ehemaligen Stift mit Funden aus der Zeit um 2800 v. Chr.; **Freilichtmuseum Rauchhaus**, urtümliches Blockhaus (15. Jh.) mit abzugslosem Herd (beide Mai–Aug. Di.–So. 10.00 bis 18.00, Sept. bis 17.00 Uhr, Okt. nur Sa. u. So.). **Salzkammergutlokalbahn-Museum** (Seebadstr. 2, Juni–Mitte Sept. Fr. 14.00 bis 17.00, Sa. u. So. 10.00–12.00 u. 14.00–17 Uhr).

Aktivitäten: Wassersport aller Art, Tennis, Bogenschießen, Reiten, Asphalt-/Eisstockschießen, Ballonfahrten, Golf (9 Loch).

Veranstaltungen: Freilichttheater ›Jedermann‹ (Mitte Juli–Mitte Aug.); **Seefest** (Ende Juli); **Mondseetage** mit Konzerten (Sept.).

ⓘ Tourismusverband Mondseeland, Dr.-Franz-Müller-Str. 3, A-5310 Mondsee, Tel. 06232/2270, www.mondsee.at

Fuschlsee 3

Bereits im Salzburger Land liegt der kristallklare Fuschlsee mit dem Hauptort Fuschl (670 m).

Sehenswert: Schloss Fuschl (um 1450; 4,5 km nordwestl. von Fuschl), einst Residenz der Erzbischöfe von Salzburg, heute Luxushotel.

Museum: Rauchhaus Mühlgrub (9 km nordwestl. von Fuschl, zwischen Hof und Thalgau, Führungen Juli–Okt. Fr. 10.00–15.00 Uhr).

Aktivitäten: Jede Art von Wassersport, Tennis, Golf (9 Loch), Wandern. In der **Rumingmühle** bei Fuschl kann man Brot backen und Lebkuchen verzieren (Juni–Sept. Di. ab 13.00, Fr. ab 14.00 Uhr).

Veranstaltungen: Bauernherbst mit Almabtrieb, Märkten, Musik (Ende Aug.–Anf. Okt.).

ⓘ Fremdenverkehrsverband, A-5330 Fuschl am See, Tel. 06226/8250, www.salzkammergut.at

St. Wolfgang 4

Der Sommerfrischenort (540 m) am Ostufer des Wolfgangsees ist weltbekannt.

Sehenswert: Pfarrkirche (1414) mit Pacher-Altar (1481), Doppelaltar (1675) von Th. Schwanthaler, Altären u. Kanzel (18. Jh.) von M. Guggenbichler; vor der Kirche Pilgerbrunnen (1515). **Gasthof ›Weißes Rössl‹**.

Museen: Turmmuseum (Kirche, Mai–Sept. Di. bis Fr. 14.00–16.00 Uhr). **Puppenmuseum** (Villa Bacher-Rix, tgl. 10.00–12.00 und 14.30 bis 17.30 Uhr).

Aktivitäten: Wassersport, Reiten, Klettern, Sommerrodeln, Ballonfahrten; Wanderweg von Ried (1 km nordwestl.) nach St. Gilgen, Zahnradbahn auf den Schafberg (1783 m), Wolfgangsee-Schifffahrt (Mai–Okt. tgl.). Operette ›Im Weißen Rössl‹ im Michael-Pacher-Haus (Juni–Sept. Fr. 20.30 Uhr).

Umgebung: In **St. Gilgen** (7 km nordwestl.), dem Geburtsort von Mozarts Mutter, Mozart-Haus (Ischler Str. 15), Heimatmuseum (Pichlerplatz 6, beide Juni–Sept. Di.–So. 10.00–12.00 u. 15.00–18.00 Uhr), Musikinstrumente-Museum (Aberseestr. 11, Juni bis 15. Sept. Di.–So. 15.00–19.00 Uhr).

ⓘ Kurdirektion, Postfach 20, A-5360 St. Wolfgang, Tel. 06138/8003, www.stwolfgang.at

Bad Ischl 5

Idyllische Kurstadt (468 m, 13 887 Einw.).

Sehenswert: Traunpromenade. Konditorei ›Zauner‹, Pfarrgasse 7. **Trinkhalle** (1829).

Museen: Kaiservilla (1854; Jainzen 38, Führungen Mai–Mitte Okt. tgl. 9.30–16.45 Uhr). **Fotomuseum** im Marmorschlössl im Kaiserpark (April–Ende Okt. tgl. 9.30–17.00 Uhr). **Lehár-Villa** (Lehárkai 8, Mai–Sept. tgl. 10.00 bis 17.00 Uhr). **Stadtmuseum** (Esplanade 10, Di., Do.–So. 10.00–17.00, Mi. 14.00–19.00 Uhr). **Technisches Museum** (Sulzbach 178, OT Lauffen, April–Okt. 9.00–18.00 Uhr).

Aktivitäten: Solebäder, Reiten, Tennis, Ballonfahrten, Rafting, Rodeln.

Veranstaltungen: Operetten-Festspiele (Juli/Aug.); **Lehár-Festival** (Mitte Juli–Anf. Sept.).

ⓘ Kurdirektion, Bahnhofstr. 6, A-4820 Bad Ischl, Tel. 06132/27757-0 www.badischl.com

Bad Goisern 6

Kurort (504 m) mit Jod-Schwefel-Quelle und bekannten Bergschuhmachern (Verkauf).

Sehenswert: Chorinsky-Klause (1819) im Weißenbachtal, alte Holztrift; im Sommer Klausschlagen: 16 500 m³ Wasser, die sich in 5 Min. entleeren (Info: Tel. 06135/83291). **Freilichtmuseum Anzenaumühle** (Mai–Okt. Do. bis Sa. 10.00–12.00 u. 15.00–18.00 Uhr).

Veranstaltungen: Glöcklerlauf (5. Jan.); **Gamsjagatage** (letztes Aug.-Wochenende).

ⓘ Kurverwaltung, A-4822 Bad Goisern 17, Tel. 06135/8329-0, www.oberoesterreich.at/badgoisern

Hallstatt 7

Die Stadt (508 m) am Südwestufer des Hallstätter Sees gehört zum Weltkulturerbe der UNESCO.

Sehenswert: Die **Kirche Mariä Himmelfahrt** (1505) birgt einen der schönsten Flügelaltäre des Landes (1515); Beinhaus.

Museen: Prähistorisches Museum (Seestr. 56, April u. Okt. tgl. 10.00–16.00, Mai–Sept. 9.00–18.00 Uhr). **Salzbergbahn** (Mai–Sept. tgl. 9.00–18.00, Okt. 9.00–16.30 Uhr) zum **Salzbergwerk** (Mai–Sept. tgl. 9.30–16.30, Okt. 9.30–15.00 Uhr).

Aktivitäten: Seewanderweg, Canyoning, Tauchzentrum (Gasthof ›Zauner‹, Marktplatz 51), Hallstätter-See-Schifffahrt (im Sommer).

Veranstaltung: Bootsprozession (Fronleichnam).

Umgebung: Von **Obertraun** (6 km östl.) Seilbahn ins Dachsteinmassiv (tgl. Ende Mai–15. Okt. 8.40–17.00, ab 15. Dez. 8.40–16.00 Uhr); **Rieseneishöhle**, Berghotel ›Krippenstein‹ (2100 m), ›Gjaidalm‹ (1750 m). Bei **Gosau** (15 km westl.) der zauberhafte **Gosausee**; Gosaukamm-Seilbahn (1587 m) und 31 Lifte (Mitte Dez.–Okt.).

ⓘ Tourismusverband, Seestr. 169, A-4830 Hallstatt, Tel. 06134/8208; Tourismusverband, A-4824 Gosau 547, Tel. 06136/8295; www.oberoesterreich.at /hallstatt bzw. /gosau

Bad Aussee/Altaussee 8

Die Kurorte Bad Aussee (650 m) und Altaussee (720 m) liegen bereits in der Steiermark.

Sehenswert: In Bad Aussee **Pfarrkirche** (13. Jh.) mit Flügelaltar Friedrichs III. (1449), **Kurhaus** (1870). In Altaussee **Loser Panoramastraße** (ganzjährig befahrbar).

Museen: Im **Kammerhofmuseum** in Bad Aussee Höhlenkunde, Salinengeschichte (Chlumeckyplatz 1, Mitte Juni–Sept. tgl. 10.00 bis 12.00 u. 15.00–18.00 Uhr). **Salzbergwerk** in Altaussee (April–Okt. tgl. 10.00–16.00 Uhr).

Aktivitäten: Golf (9 Loch), Kutschfahrten.

Veranstaltungen: Flinserlfasching (letzte drei Karnevalstage); **Narzissenfest** am Grundlsee (Anf. Juni).

ⓘ Tourismusverband, Bahnhofstr. 132, A-8990 Bad Aussee, Tel. 03622/540400, www.badaussee.at

Vielfalt für jedes Wetter

Der Traunsee und der Attersee, die beiden größten Gewässer des Salzkammerguts, bieten Weite und Vielfalt: Wenn der ›Rosenwind‹ weht, gleiten die Segelboote beschwingt über den Attersee. Wenn der Schnürlregen einsetzt, geht man in Städten wie Gmunden auf Einkaufsbummel oder ins Museum. Auch kulinarisch ist die Region ergiebig: Fische aus den Seen mit Trinkwasserqualität, Wild und Zuchtvieh aus einer noch intakten Landschaft werden hier gekonnt verarbeitet.

Blick aus Seewalchens Villa Paulick, in der schon Gustav Klimt seine Sommerfrische verbrachte, auf den nächtlichen Attersee.

▼ *Deckengemälde im Landschloss Ort*

▲ *Gmundens Seeschloss Ort, einst Besitz des Habsburgers Franz Salvator, ...*

▼ *... war Drehort der TV-Serie ›Schlosshotel Orth‹*

▲ An Gmundens Hauptplatz am See … ▼ … erklingen die Keramikglocken des Rathauses

Als das Holz, das man zum Salzsieden brauchte, knapp wurde, brachte man die Sole von Hallstatt mithilfe einer 1596 gebauten hölzernen Leitung ins waldreiche Ebensee am Traunsee. Die hochmoderne Großsaline, die heute halb Europa mit Salz beliefert, setzt die Arbeit der historischen Sudhäuser fort.

Gmunden: altes Salzamt …

Gmunden am anderen Ende des Sees war der Stapel- und Handelsplatz für das in Ebensee verarbeitete Salz. Auf der Traun, die hier den See verlässt, wurde es zur Donau gebracht. Gmunden beherbergte auch die Verwaltungsbehörde des Salzkammerguts: Seit 1454 befand sich im Kammerhof an der Traunbrücke das mächtige Salzamt, das direkt dem Kaiser als Besitzer des Salzkammerguts unterstand. Heute ist hier ein reizvolles Museum untergebracht, das unter anderem an Gmundens große Keramiktradition erinnert. Die typische grün geflammte Gmundner Keramik wird noch immer in vielen Varianten erzeugt.

SPECIAL

Drehort Schloss Ort

So lebendig und jung sich Gmunden heute präsentiert, seine Vergangenheit ist auf Schritt und Tritt sichtbar. Gotik und Renaissance prägen den Stadtkern. Patrizierhäuser mit Arkadenhöfen erzählen von Reichtum und Italiensehnsucht.

Europas Hocharistokratie fühlte sich von der Seestadt mit dem Blick auf sanfte Hügel und den schroffen Traunstein sehr angezogen. Herzog von Cumberland, der 1866 abgedankte König Georg V. von Hannover, errichtete ein Schloss im Tudor-Stil, der Habsburger Erzherzog Franz Salvator, der sich später Johann Orth nannte, erwarb das mittelalterliche, in der Renaissance umgebaute Seeschloss Ort – ohne h. Die hier von ORF und ZDF seit 1996 gedrehte Fernsehserie suggerierte, es sei ein Hotel – ›Schlosshotel Orth‹ mit h.

… mit kurioser Kehrseite

Eine köstliche Kuriosität ist das dem Kammerhof angeschlossene Klo-&-So-Museum, das fantasievoll dekorierte Sanitär-

▲ Gmundner Glöcklerlauf am Abend vor dem Dreikönigstag

▼ Lichterfest am Traunsee

▼ Modell ›Nautilus‹: museales Exklusivklosett

▲ *Fetzenfasching in Ebensee*

▼ *Gmundner Keramik mit den typischen Streifen*

keramik von der Barock- bis zur Jugendstilzeit ausstellt – auch die Stücke, die zur ›Kehrseite der Habsburger‹ gehörten: Wo Kaiser Franz Joseph zu Fuß hinging, ist ebenso zu sehen wie das Bidet seiner Frau Elisabeth, der Sisi, und seines Sohns Rudolf. Auch wer auf der Suche nach dem Vorgänger des Whirlpools ist, wird hier fündig: in Gestalt einer ›Wellenbadewanne‹, allerdings aus Metall, mit der man sich schon um 1900 schaukelnd ans Meer träumen konnte. Gesammelt wurden die Objekte vom Keramikfabrikdirektor Fritz Lischka, der sie auf Schutthaufen, in Almhütten oder Schlössern entdeckte.

Fasching: laut und fetzig

Im eher unauffälligen Ebensee hat sich dagegen unverändert viel altes Brauchtum erhalten. Von Weihnachten bis zum 2. Februar werden in der Kirche und zahlreichen Privathäusern Holzkrippen ausgestellt. Auf der ›Kripperlroas‹ gehen Besucher von Haus zu Haus, um sie zu bestaunen.

Ungewöhnliches Erlebnis ist auch der Karneval. Laut, aber behäbig beginnt er am 5. Januar, wenn Kuhglocken schwingende ›Glöckler‹, weiß gekleidet, mit von Kerzenlicht erhellten Riesenkappen in lärmenden Gruppen durch den Ort ziehen. Turbulent ist das Ende, wenn beim ›Fetzenfasching‹ am Rosenmontag fantasievolle Kostüme und furchterregende Masken die Straßen unsicher machen. Glöckler gibt's rund um Traun- und Attersee, überall mit lokalen Eigenarten. In Gmunden zum Beispiel ziehen sie zusammen mit den Heiligen Drei Königen durch die Stadt. Gemeinsam aber ist allen die Verkörperung der uralten Ängste vor Kälte und Finsternis.

Traunkirchen und die Jesuiten

Der Traunsee, jahrhundertelang wichtiger Verkehrs- und Transportweg, wird heute von hübschen, teils nostalgischen Ausflugsbooten durchpflügt. Seit 1632 feiert das malerische Traunkirchen Fronleichnam mit einer festlichen Schiffsprozession. In dem Ort war 1020 das älteste Frauenkloster Oberösterreichs entstanden. 1573, im Zuge der Reformation, wurde es aufgelöst. 1622 überließ man den Besitz den Jesuiten, die bis zur Aufhebung ihres Or-

▲ *Der Schaufelraddampfer ›Gisela‹, 1870 gebaut, steht unter Denkmalschutz*

▲ *Taferlklaussee am Aurachursprung*

▼ *Traunkirchen*

▲ *Traunkirchen: Fischerkanzel in der Klosterkirche* ▼ *Rückzug in ein so genanntes Traunerl*

dens 1773 von hier aus Gegenreformation und Wanderseelsorge betrieben. Dabei erhielten gerade Prozessionen eine große Bedeutung. Die Jesuiten waren es auch, die die Klosterkirche zur Halle ausbauten und barock ausstatteten. Besonders originell: die Fischerkanzel.

SPECIAL

Ochsen & Co. für Gourmets

Spezielle Produkte für Feinschmecker werden in Unterach am Attersee gezüchtet. Auf dem Holzberggut, wo man Besucher übrigens willkommen heißt, huldigt man der Philosophie: Nur stressfrei gehaltene Tiere liefern auch gutes Fleisch. Und so dürfen Atterochs und Egelseer Waldschwein, Enten und Hühner unter idealen Bedingungen leben. Wie die Fische aus dem kristallklaren See und das Wild der eigenen Jagd werden sie von Gourmetköchen verwertet. Man kann aber auch rohes oder delikat zubereitetes Fleisch bei LandArt beziehen.

Refugium der Künstler

Erst ab 1870 erschlossen Straße und Bahn das felsige Ufer des Traunsees. Neben Aristokraten kamen Künstler als Sommerfrischler, neben Schlössern entstanden Villen. Der Schriftsteller Thomas Bernhard (1931–1989) bevorzugte das Hinterland. In Obernathal bei Ohlsdorf, nördlich von Gmunden, baute er sich sehr stilvoll einen Vierkanter aus, in dem jederzeit eine funktionierende Landwirtschaft hätte eingerichtet werden können. Sogar einen Traktor mit dem Schild ›Thomas Bernhard, vlg. Bauer zu Nathal‹ gibt es.

Gustav Klimt (1862–1918) zog es an den Attersee. Er fing die flirrenden Reflexe des Wassers, die Schönheit der Uferorte in betörenden Bildern ein. Ein Maler unserer Zeit, Christian Attersee (*1940), nahm den Namen des Gewässers an, auf dem er mit sieben Jahren zu segeln begann. Seine dynamisch bewegten Bilder sind stark von diesem Erlebnis beeinflusst. In Steinbach arbeitete Gustav Mahler (1860–1911) an seiner zweiten und dritten Symphonie. Sein Komponierhäuschen beim Gasthof ›Föttinger‹ steht immer noch. Der Pianist Friedrich Gulda (*1930) lebte hier bis zu seinem Tod 2000.

▲ Verspielte Villa in Unterach am Attersee

▼ Im ›Kinderweltmuseum‹ Schloss Walchen

▼ Stadtturm von Vöcklabruck mit Kaiser Maximilian I.

▲ Weit schweift der Blick von Seewalchen über den zwanzig Kilometer langen Attersee

▲ Geräucherte Saiblinge aus dem Attersee

▼ Immer mittwochs: Wochenmarkt in Vöcklabruck

›Dirndldoktorin‹ Tostmann

Zum Zauber dieser Landschaft gehört die Trachtenkultur. Die ›Dirndldoktorin‹ Dr. Gexi Tostmann gibt ihrer Trachtenmode Schwung und Pfiff. Modische Einflüsse, die es immer gab, werden sensibel mit Althergebrachtem verbunden. Bei ihren Modenschauen, Festen und Konzerten in und um Seewalchen leben die schönen Überlieferungen auf sehr heutige Weise weiter: Selbst junge Frauen zeigen Taille und Dekolleté im schmeichelnden Dirndl mit der bunten Schürze. Auch Kreuzstichblusen oder die typische Goldhaube sticken sie wieder – und brachten es damit zu einem Platz im Guinness-Buch der Rekorde: Für den Festumzug zur 500-Jahr-Feier des Marktes Schörfling 1999 fertigten die Frauen eine Goldhaube von 1,1 Meter Höhe und einem Meter Durchmesser – zu sehen im Heimathaus.

Zentrum der Wirtschaft

Nördlich des Attersees endet das Salzkammergut. Die Sommerfrischenromantik weicht dem Wirtschaftsdenken. In den fest gefügten Handelsstädten zwischen Attersee und Hausruckwald wurden die Produkte des Landes – Salz, Holz, Getreide, Textilwaren oder Baustoffe – schon im frühen Mittelalter höchst erfolgreich verkauft.

Am Zusammenfluss von Ager und Vöckla entstand 1134 eine Brücke, Voraussetzung für einen Verkehrsweg nach Norden und Namensgeber von Vöcklabruck. Wie viel Reichtum es in dieser Stadt und den umliegenden Gemeinden, im jetzt eingemeindeten Schöndorf, Vöcklamarkt, Gampern, gab, beweisen die kostbaren Kirchen und die schönen Bürgerhäuser. Heute ist Vöcklabruck Zentrum der zweitgrößten Industrieregion Oberösterreichs.

1900 wurde hier der aus Asbest und Zement bestehende Baustoff Eternit erfunden. Das nahe Faserwerk Lenzing ist heute ein global agierender Riesenkonzern mit Niederlassungen in den USA und Indonesien. Lenzing, lange Zeit berüchtigt für den üblen Geruch, der seine Produktion begleitete, hat in den letzten Jahren große Umweltinvestitionen getätigt. Der in Seglerkreisen berühmte ›Rosenwind‹ vom Attersee riecht nicht mehr nach Chemie.

50
60
72
82
50
94
106
50
Ried i. Innkr.
Hausruck
Kobernaußerwald
Mattighofen
Vöcklabruck
Schwanenstadt
Lambach
Attnang-Puchheim
Gmunden
Altmünster
Traunstein
Traunsee
Ebensee
Attersee
Seewalchen
St. Georgen i. Attergau
Mondsee
Mondseeberg
Unterach
Höllengebirge
Weyregg a. Attersee
Steinbach a. Attersee
Salzburg
Hallein
St. Gilgen
St. Wolfgang i. S.
Wolfgangsee
Strobl
Bad Ischl
Lauffen
Bad Goisern
Hallstatt
Hallstätter See
Obertraun
Bad Aussee
Grundlsee
Altaussee
Pötschenhöhe
Gosau
Abtenau
Golling
Tennengebirge
Hagengebirge
Dachstein
Auf dem Stein
Schladming
Bischofshofen
Werfen
Kalkalpen
Fuschl
Fuschlsee
Thalgau
Eugendorf
Seekirchen a. W.
Neumarkt a. Wallersee
Straßwalchen
Lenzing
Laakirchen
Frankenburg
Frankenmarkt
Kammer
Schörfling
Salzkammergut
NSG

Infos

Vöcklabruck 1

Regionales Industriezentrum (12000 Einw., 433 m) im Hinterland des Attersees.

Geschichte: 1271 wurde im Krieg zwischen oberösterreichischem Adel und dem niederbayerischen Herzog Heinrich XIII. das Gebiet zwischen Vöcklabruck und Wels verwüstet, lange Zeit die Westgrenze habsburgischen Besitzes. Die Darstellung des Habsburger Herzogs Albrecht II. und seines Sohnes Rudolf IV., zwei wichtige Gönner der Stadt im 14. Jh., im Stadtwappen und das Fresko Kaiser Maximilians I. im unteren Torturm zeigen Vöcklabrucks Bedeutung in jener Zeit.

Sehenswert: Die beiden **Tortürme**, die den Stadtplatz im Westen und Osten flankieren. Spätgotische Pfarrkirche **St. Ulrich** (15. Jh.). Kirche **Maria Schöndorf** (1481). **St.-Ägidius-Kirche** (1688) von Carlo Antonio Carlone und der Pfarrhof, ebenfalls von ihm.

Museum: Heimathaus (Hinterstadt 19, Mai bis Sept. Mi. u. Fr. 10.00–12.00 Uhr, Okt.–April nur Mi.).

Aktivitäten: Frei- und Hallenbad, Eislaufen.

Veranstaltung: Wochenmarkt-Eröffnung mit Stadtmusikanten in mittelalterlichen Trachten (Mai–Okt. Mi.).

Umgebung: In **Gampern** (9 km westl.) Pfarrkirche St. Remigius (15. Jh.) mit sehenswertem Altar (1490–1500). In **Vöcklamarkt** (12 km westl.) spätgotische Pfarrkirche Mariä Himmelfahrt.

ⓘ Tourismusverband, Lebzelterhaus, Hinterstadt 14, A-4840 Vöcklabruck, Tel. 07672/26644, www.voecklabruck.at

Schörfling/Seewalchen 2

Die heute ineinander übergehenden Gemeinden (510 m bzw. 495 m) am Nordufer des Attersees sind uralter Siedlungsraum (ab 3000 v. Chr.).

Sehenswert: In Schörfling: Pfarrkirche **St. Gallus** (1476), **Seeschloss Kammer** (mittelalterlicher Bau, 1710 barockisiert), das oft von Gustav Klimt gemalt wurde, **Schloss Litzlberg**, Historismusbau auf einer Insel (nur vom Boot aus zu sehen, Privatbesitz). In Seewalchen: **Villa Paulick** (um 1900; Promenade 12).

Museum: Heimathaus Schörfling mit zahlreichen Facetten der Heimatgeschichte vom steinzeitlichen Pfahlbau bis heute (Gmundnerstr. 8, Mai–Sept. Sa. 10.00–12.00 Uhr).

Aktivitäten: Reiten (Reitstall Schloss Kammer), Fitnessparcours, Attersee-Schifffahrt.

Veranstaltungen: Kinderveranstaltungen in Schörfling und Seewalchen (Juli/Aug.); **Konzerte** auf Schloss Kammer (Juli/Aug.); **Attersee autofrei**, freie Fahrt für Radler (meist 2. Sept.-Wochenende).

ⓘ Informationsbüro, Hauptstr. 1, A-4861 Schörfling, Tel. 07662/2578, www.oberoesterreich.at/schoerfling

St. Georgen 3

Einkaufsstadt (540 m) im Hinterland des Attersees mit hübschen Läden und Landgasthöfen.

Sehenswert: Alte **Bürgerhäuser**. **Pfarrkirche** (1229) mit Guggenbichler-Kanzel.

Aktivitäten: Freizeitzentrum (Freibad).

Veranstaltungen: Atterseer Kultursommer (Juli/Aug.); **Straßenfeste** (Juli/Aug.).

Umgebung: Schloss Walchen (6 km nördl.) mit Kinderweltmuseum, das eine historische Sicht auf den Lebensraum des Kindes gibt (Walchen 1, Mai–Okt. tgl. 10.00–17.00 Uhr; Juli/Aug. Oldtimerzüge vom Bahnhof am Attersee zum Schloss, Tel. 07682/6246-12).

ⓘ Tourismusverband, Attergauerstr. 31, A-4880 St. Georgen im Attergau, Tel. 07667/6386-0, www.attergau.at

Unterach 4

Romantischer Sommerfrischenort (468 m) am Fuß der Hochplettenspitze (1134 m).

Sehenswert: Angeblich von den Römern gepflanzter **Kastanienwald**. Spätgotische **Pfarrkirche** mit schöner Madonna (15. Jh.).

Aktivitäten: Baden, Segeln, Surfen, Wasserski, Reiten, Tennis, Attersee-Schifffahrt.

Veranstaltung: Kunsthandwerkermarkt (meist 1. Juli-Wochenende).

Umgebung: Naturschutzgebiet **Egelsee** (3 km nördl., Wanderweg ca. 1,5 Std.). **Burggrabenklamm** (4 km südöstl., Wanderweg ca. 2 Std.) mit Wasserfällen. Von Steinbach (10 km nordöstl.) Straße zum **Taferlklaussee** (6 km östl.) am Aurachursprung.

ⓘ Tourismusbüro, Hauptstr. 9, A-4866 Unterach am Attersee, Tel. 07665/8327, www.oberoesterreich.at/unterach

Ebensee 5

Uralter Salinenort (425 m) am Südufer des Traunsees, zu Füßen des Feuerkogels (1594 m).

Museum: Heimathaus (Hauptstr. 27, Juni bis Sept. Di., Do., Sa. 14.00–18.00, 14.–23. Dez. u. 26. Dez.–2. Febr. tgl. 14.00–17.00 Uhr).

Aktivitäten: Hallenbad, Traunsee-Schifffahrt; am Feuerkogel 40 km Wanderwege, Drachenfliegen, Skifahren (Seilbahn Mitte Mai–Okt. u. Mitte Dez.–Ostern tgl. 8.30–17.00 Uhr).

Veranstaltungen: Krippen im Heimathaus und in Privathäusern (Dez.–2. Febr.); TOP ZIEL **Glöcklerlauf** (5. Jan.); **Fetzenfasching** (Rosenmontag).

Umgebung: Wasserfall im OT **Rindbach** (östl.). **Gassl-Tropfsteinhöhle** im Erlakogel (Führungen Mai–Sept. Sa. u. So. 9.00–16.00 Uhr; ca. 2,5 Std. Aufstieg vom OT Rindbach oder Busfahrt mit 0,5 Std. Aufstieg, Tel. 06133/8416). Badeparadiese **Offensee** (15 km südöstl.) und **Langbathsee** (10 km nordwestl.).

ⓘ Tourismusverband, Hauptstr. 34, A-4802 Ebensee, Tel. 06133/8016, www.ebensee.at

Traunkirchen 6

Mit seinem Kern malerisch auf einer Halbinsel gelegener Seeort (422 m).

Sehenswert: Pfarrkirche (1632, ehem. Klosterkirche) mit Fischerkanzel (1753). **Johannesbergkapelle** (1356, 1614 erneuert), **Kalvarienbergkapelle** (1699). **›Via Historica‹**, Kulturweg. **Handarbeitsmuseum** (ehem. Kloster, Mai–Okt. Mi., Sa., So. 14.00–16.00 Uhr).

Veranstaltungen: Glöcklerlauf (5. Jan.), **Bootsprozession** (Fronleichnam).

ⓘ Tourismusverband, A-4801 Traunkirchen 1, Tel. 07617/2234, www.oberoesterreich.at/traunkirchen

Gmunden 7

Alter Verwaltungsort (15000 Einw., 422 m) des Salzkammerguts an Traun und Traunsee.

Sehenswert: Rathaus (16. Jh.) mit Keramikglockenspiel. **Pfarrkirche** (barockisiert) mit Dreikönigsaltar (1678, Th. Schwanthaler). Schöne **Bürgerhäuser** mit Arkadenhöfen. **Salzträgerbrunnen** (Keramik). **See- u. Landschloss Ort** (beide 1626). **Gmundner Keramik** (Keramikstr. 24, Mo.–Fr. 9.00–18.00, Sa. 9.00–17.00 Uhr). Erdkundl.-kulturgeschichtl. **›Jahrtausendweg‹**.

Museen: Kammerhofmuseum (Traunbrücke, Mai–Okt. tgl. 10.00–12.00 u. 14.00–17.00 Uhr, So. nur vorm.). TOP ZIEL **Klo-&-So-Museum** (Traungasse 4, Mai–Okt. Di.–Sa. 10.00 bis 12.00 u. 14.00–17.00, So. 10.00–12.00 Uhr).

Aktivitäten: Erlebnisbad, Reiten, Rafting, Klettern, Fliegenfischen, Golf (18 Loch), Segelfliegen, Raddampfer ›Gisela‹ (Fr.–So. 14.30 Uhr).

Veranstaltungen: Zug der **Hl. Drei Könige** über den See und Umzug mit den **Glöcklern** (5. Jan.); **Lichter- und Esplanadenfest** (Mitte Aug.); **Töpfermarkt** (Ende Aug.).

Umgebung: Vom südöstl. OT **Weyer** Seilbahn (tgl. Mai–Sept. 9.00–17.00, Okt. 9.00–16.30 Uhr) auf den **Grünberg** (986 m) mit Aufstieg (ca. 2,5 Std.) zu **Laudachsee** und **Traunstein** (1691 m). In **Obernathal** (6 km nördl.) Haus von Thomas Bernhard (April–Okt. Sa. u. So. 14.00–18.00 Uhr, Info: 07612/47013).

ⓘ MTV Tourismusbüro, Toscanapark 1, A-4810 Gmunden, Tel. 07612/64305, www.gmunden.at

Viel ländliches Idyll

Einst war das Land um den Hausruck und den Kobernaußerwald Verbannungsgebiet für Rebellen. Und davon gab es unter den selbstbewussten Bauern genug. Inzwischen haben Wanderer und Reiter das sanfte Hügelland entdeckt. Allein in Ampflwang sind über 600 Pferde zu Hause. Badefreunde zieht es an die Moorseen des Ibmer Mooses. Die Sinne betört das Agrarium in Steinerkirchen. Kunstwerke aus Romanik und Barock hüten Stift Lambach, Ried und die Wallfahrtskirche Stadl Paura.

Beim Pferdemarkt in Haag am Hausruck zeigen die Rösser, was sie können. Und die Bauernmädchen müssen mittraben.

▲ *Neukirchen: Sonnenmotiv an der Haustür eines Bauernhofs*

▼ *Flachsbrechhaus im Bauernmuseum*

▼ *Geschützte Moorlandschaft: Ibmer Moos*

▲ *Die Kirche von Ungenach vor dem Höllengebirge*

▶ *Wander-Bauerngolf rings um Franking*

▼ Das Frankenburger Würfelspiel entschied 1625 über Leben und Tod

Dass Landschaften gewaltig an Prestige gewinnen, ist seltener, als dass sie, durch Übernutzung zum Beispiel, ihren Ruf verlieren. Das Ibmer Moos (= Moor) galt lange als öde, nur von Torfstechern belebte Landschaft. Heute ist es ein Naturparadies, in dem Vögel leben, die eine geschützte Umwelt brauchen: Wiedehopf, Bekassine, Wachtelkönig, Brachvogel, Schnepfe, Graureiher. Türkenbund, Graslilie, Wollgras, Fieberklee, Sonnentau und viele andere selten gewordene Pflanzen sorgen für optische Vielfalt. Die warmen Seen mit kleinen Badeanstalten laden schon zeitig zum Schwimmen ein. Die Hügelorte, wie etwa Eggelsberg, die das Ibmer Moos rahmen, eröffnen einen großartigen Blick auf die Alpen: vom Dachstein, über Untersberg und Watzmann bis zu den Loferer Steinbergen.

Würfeln um Leben und Tod

Die Gegend ist erholsam friedlich – ihre Geschichte war es nicht immer. In Frankenburg wird bis heute in jedem ungeraden Jahr jenes verhängnisvollen Würfelspiels von 1625 gedacht, als 38 gefangene Bürgermeister hier um ihr Leben würfelten. Siebzehn Verlierer wurden gehenkt, zwei begnadigt. Anlass war die Unzufriedenheit der meist protestantischen Bauern, die sich in den Bauernkriegen entlud. In Frankenburg war ein katholischer Geistlicher eingesetzt worden, den die protestantischen Bauern ablehnten. Sie rückten zu fünftausend gegen das Schloss vor, der Besitzer, Graf Herbertstorff, gab ihnen scheinbar nach und ließ die Anführer festnehmen.

Unberührt: Kobernaußerwald

Westlich von Frankenburg erstreckt sich der Kobernaußerwald, der durch das Redltal vom viel belebteren Hausruck getrennt ist. Nur an seinen Ausläufern besiedelt, bewahrt er unverdorbene Natur.

Holz also gibt es genug. Und das Glas, das schon Winston Churchill und die Herzogin von Windsor schätzten, entsteht außer in Kufstein im hiesigen Schneegattern. Die edlen Pokale sind so geformt, dass sie Getränke optimal zur Geltung bringen. Bei Führungen durch die Riedel-Glashütte lässt sich beobachten, wie der Atem des

▲ *Uralte, reich tragende Obstbüume bilden im Hausruckviertel schattige Alleen*

▼ *Düfte auf Knopfdruck: Agrarium in Steinerkirchen*

▲ *Most, frisch vom Fass*

▼ *Reiterdorf Ampflwang: 600 Pferde zum Liebhaben*

▲ 200 Jahre altes Holzblockhaus bei Haag mit Schindelverkleidung

Glasbläsers und seine Geschicklichkeit dem Glas Gestalt geben. Die aus Böhmen stammende Glasmacherfamilie arbeitet bereits in der zehnten Generation. Jede hatte ihre Spezialität: Fensterglas, Glasperlen, Pokale, Verkehrsampeln, Glas für Radargeräte und die ersten Fernsehapparate. Die beiden letzten Generationen stellen Trinkgläser her.

SPECIAL

Ampflwang: Dorf der Reiter

Ein weich ausschwingendes Hügelland mit weit gestreuten Obstwiesen und freundlichen Dörfern, von denen man auf die Alpengipfel sieht: Das Hausruckgebiet ist eine ideale Landschaft für sanften Tourismus. Das karge Land mit einigen Braunkohlevorkommen bot den Bauern wenig Lebenschancen. In Ampflwang, wo es vor vierzig Jahren noch kein einziges Gästebett gab, tummeln sich heute über 600 Pferde mit ihren Reitern, begehen Einheimische mit ihren Gästen gemeinsam Reiterfeste: zu Neujahr, Dreikönig, im Fasching und Advent. Besondere Tradition hat der Georgiritt Ende April zu Ehren des Schutzpatrons der Reiter: In historischen Gewändern und auf traditionsreichen Fuhrwerken geht es in großem Festumzug zur Pferdesegnung.

Karibik-Flair im Kurbad

Als 1918 bei Erdölbohrungen in Schallerbach warmes Schwefelwasser aus der Erde kam, war die Enttäuschung groß. Heute ist die Therme von Bad Schallerbach Treffpunkt von Gesunden und Kranken. Hier entstand nicht nur eine erfolgreiche Kuranstalt, sondern auch ein Erlebnis- und Fitnessbad mit Karibik-Flair. I-Tüpfelchen ist das Colorama-Bad, das mit farbigem Licht vor allem in der dunklen Jahreszeit die Entspannung intensiviert. Wer es lieber natürlicher hat, findet im Moorbad Wimsbach-Neydharting bei Lambach beschauliche Kuratmosphäre.

Erlebnis der Sinne: Agrarium

Tee-, Schnaps-, Schweinsbraten-, Öl-, oder Suppengarten heißen sie. Sechzig Themengärten mit den jeweils dazugehörigen Pflanzen verführen im Agrarium bei Schloss Almegg in Steinerkirchen an der

▲ Ried: Brunnen des Stadtgründers Dietmar ...

▼ Romanisches Fresko im Stift Lambach

▼ ... und Denkmal des Dichters Stelzhamer

▼ Johannes von Th. Schwanthaler im Volkskundehaus Ried

▲ Rokokokirche Stadl Paura mit Kleeblattgrundriss ▼ Renaissance-Wasserschloss Aisterheim

Traun zum Sehen, Riechen, Schmecken. Auf 100 000 Quadratmeter Gartenfläche vermitteln 600 originell zusammengestellte Arten auf sinnliche Weise den Besuchern, welche Rollen Pflanzen in unserem Alltag spielen. Kinder können auf heißen Platten Fladenbrot backen, einen Streichelzoo besuchen oder mit dem Traktor fahren. Fürs gemeinsame Picknick gibt es Produkte aus dem Bauernladen.

Lambach und Stadl Paura

Bis 1868 schien Stift Lambach eines der machtvollen Barockklöster zu sein, mit denen die Gegenreformation ihren Sieg über die Protestanten feierte. Aber dann entdeckte man seine 23 romanischen Fresken, die jahrhundertelang eingemauert waren. Diese kraftvollen byzantinisch inspirierten Bibeldarstellungen, die 200 Quadratmeter Fläche bedecken, entstanden wahrscheinlich im Auftrag des 1010 geborenen Adalbero von Wels-Lambach, der die Burg seiner Väter 1056 zum Stift machte. Adalbero war Bischof von Würzburg, seine Kirchentreue im Konflikt zwischen Kaiser Heinrich IV. und Papst Gregor VII. wurde mit der Heiligsprechung belohnt.

Maximilian Pangl, einer der Äbte, die das Stift im Barock ausbauten, gelobte während einer Pestepidemie, in Stadl Paura eine Kirche zu bauen, wenn seine Pfarre verschont bliebe. So entstand 1705 die Wallfahrtskirche zur Heiligen Dreifaltigkeit, in der abfällige Luther- und Melanchton-Darstellungen den Triumph der Gegenreformation ausdrücken.

Ried: Heimat der Schwanthaler

21 Künstler in sieben Generationen: Damit kann die Familie Schwanthaler auftrumpfen. Heimat der 1632 aus Bayern zugezogenen Bildhauerfamilie war Ried. Bis 1879, als der letzte Schwanthaler in München starb, schufen sie Skulpturen für Kirchen, Klöster, Schlösser, Plätze in Österreich und Bayern. Einige der kostbarsten sind gleich in der Pfarrkirche von Ried zu bewundern: der Hochaltar und die Ölberggruppe von Thomas Schwanthaler (1634–1707), jenem Spross der Familie, der auch den schwarz-goldenen Doppelaltar (1675) in der Pfarrkirche von St. Wolfgang im Salzkammergut fertigte.

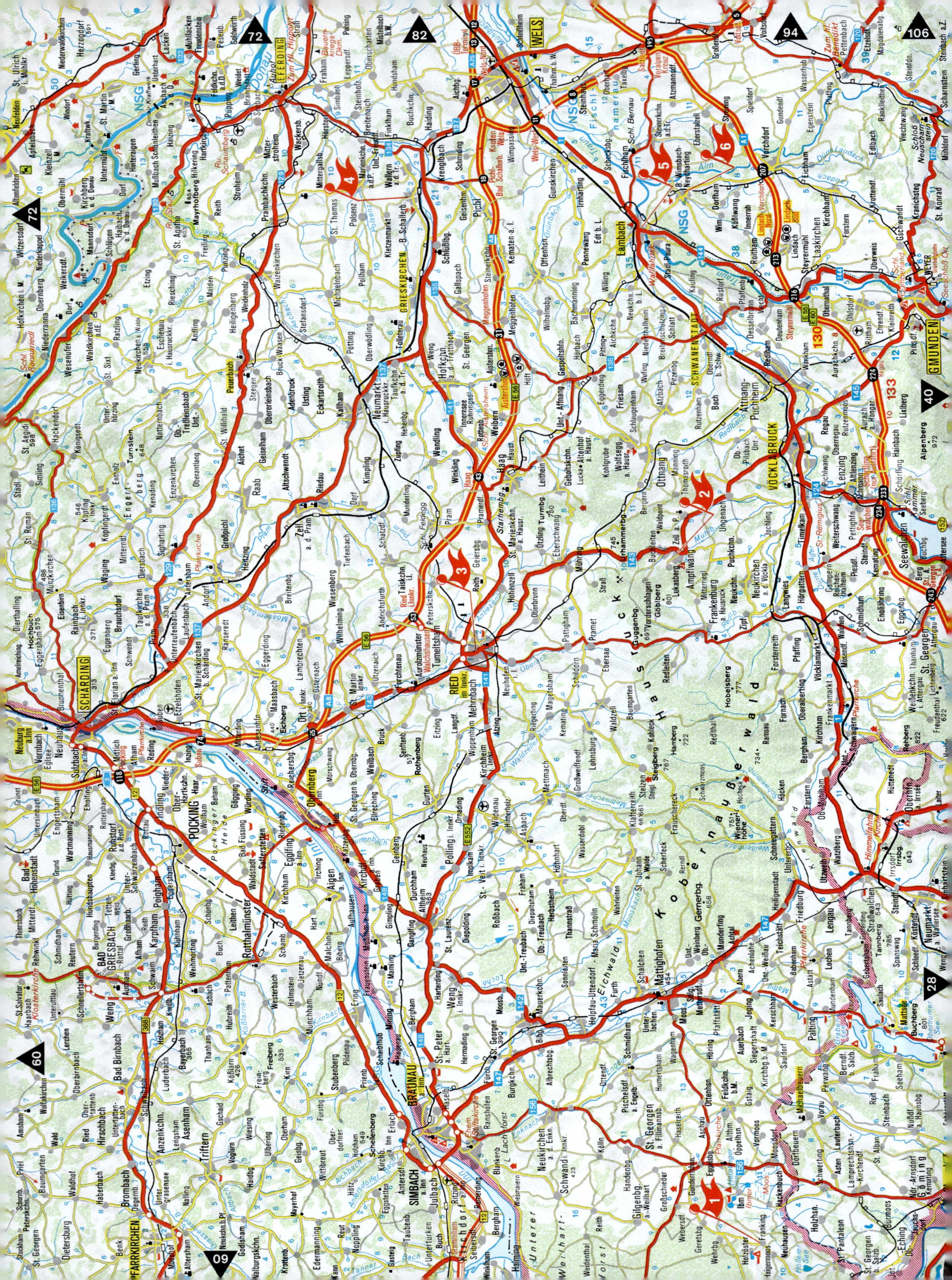

72
82
94
106
40
28
09
60
WELS
GMUNDEN
SCHWANENSTADT
VÖCKLABRUCK
LAMBACH
GRIESKIRCHEN
EFERDING
RIED im Innkr.
SCHÄRDING
BRAUNAU a. Inn
SIMBACH
POCKING
PFARRKIRCHEN
Neuburg a. Inn
Hausruck
Kobernaußerwald
Mattighofen
Peuerbach
Attnang-Puchheim
Rotthalmünster
Bad Griesbach
Mattsee
Seewalchen

Franking/Ibmer Moos 1

Der Ort (457 m) liegt am Holzösterer See, im Ibmer Moos, Österreichs größtem Moorgebiet.

Sehenswert: Das unter Naturschutz stehende Moor- und Seengebiet **Ibmer Moos** (25 km²) umfasst neben dem Holzösterersee den Herathinger-, Ibmer-, Höller- und Seeleithensee. Lehrpfade erschließen das Moor mit seiner seltenen Flora und Fauna.

Museum: Bauernmuseum im **Anthalerhof** (Haigermoos 5, Di. 18.00–20.00, Sa. 13.00 bis 17.00 Uhr).

Aktivitäten: Rudern, Tennis, Reiten, Bierbad im Landhotel ›Moorhof‹ (Dorfibm 2), Wander-Bauerngolf (5 oder 14 km) mit minigolfähnlichen Bahnen. Golf (18 Loch) auf Gut Kalthausen in Pischelsdorf (20 km nördl.).

Umgebung: Hochburg-Ach (14 km nordwestl.) ist die Heimatgemeinde von Franz Xaver Gruber (1787–1863), Komponist von ›Stille Nacht‹, und Übergang nach **Burghausen/Bayern** auf der anderen Seite der Salzach mit seiner 1 km langen Burg (1253 gegründet). In **Eggelsberg** (8 km nordöstl.) steht auf einer Anhöhe die gotische Pfarrkirche (1420). Guggenbichler-Altar in der Pfarrkirche von **Lochen** (21 km östl.). In **Kirchberg** bei Mattighofen (15 km östl.) Hildegard-Naturerlebnispark mit 200 alten Kulturpflanzen (Mo., Di., Do., Fr. 8.00–17.00, Mi. 8.00–19.00, Sa. 8.00–12.00 Uhr). Ein kaum besiedeltes Waldgebiet ist der **Kobernaußerwald** (ca. 25 km östl.). In **Schneegattern** (28 km östl.) am Südrand des Waldes produziert die Riedl-Glashütte (Schneegattern 16, Mo.–Fr. 9.00 bis 17.00 Uhr).

ⓘ Tourismusbüro, A-5131 Franking 1,
Tel. 06277/8119, www.tiscover.at/franking

Ampflwang 2

Reiterdorf (560 m) inmitten des Hausruckwaldes (801 m).

Aktivitäten: 607 Pferde, 5 Reithallen, 2 Sandreitbahnen, 2 Ovalbahnen, Rennpassstrecke, Springgarten, 200 km Reitwege, Kurse für Kutschen- und Gespannfahren, Kinderreitkurse, Golf (9 Loch), Hallen- und Freibad, Bogenschießen, Museumsbahn Ampflwang–Timelkam (15 km südl., Juni–Sept. So.).

Veranstaltungen: Dreikönigsritt (6. Jan.); **Georgiritt** (Ende April); **Reiterfest** (Mitte Juni). In Frankenburg (7 km westl.) **Frankenburger Würfelspiel**, nach einer dramatischen Episode der Bauernkriege (in ungeraden Jahren Ende Juli–Mitte Aug., Sa. u. So. 20.30 Uhr).

Umgebung: Das Schloss (17. Jh.) in **Wolfsegg** (10 km nordöstl.) ist heute Kurhaus. In **Lohnsburg** (18 km nordwestl.) Aussichtswarte (30 m), Zentrum für Skiroller und Inlineskater. In **Ungenach** (5 km südöstl.) Kirche (1160) mit Altar (17. Jh.) von Th. Schwanthaler. In **Neukirchen** an der Vöckla (9 km südl.) Freilichtmuseum Stehrerhof (April bis Okt. tgl. 10.00–17.00 Uhr; 3. Sept.-Woche Darbietungen mit altem bäuerlichem Gerät).

ⓘ Tourismusverband, Hauptplatz 8,
A-4843 Ampflwang, Tel. 07675/2479,
www.ampflwang.at

Ried im Innkreis 3

In der einstigen Grenzregion zu Bayern an der Kreuzung alter Ostwest-Nordsüd-Verbindungen gelegen, hat Ried (12 000 Einw., 433 m) bis heute seine Bedeutung als Handelsplatz mit jährlichen Messen bewahrt.

Sehenswert: Die langgestreckten **Straßenplätze** mit alten Bürgerhäusern. Denkmal des legendären Stadtgründers **Dietmar** (1665, 1813 erneuert) zwischen Oberem und Unterem Stadtplatz. **Stadtpfarrkirche** (Anf. 18. Jh. über einer Kirche des 15. Jh.) mit Altären und Ölberggruppe von Thomas Schwanthaler (1634–1707).

Museum: Im **Innviertler Volkskundehaus** sind das Werk der Schwanthaler-Dynastie sowie der oberösterreichischen Maler, darunter Alfred Kubin, Schwerpunkte. Außerdem wird bäuerliches Kunsthandwerk gezeigt, u. a. die Weihnachtskrippe aus Oberndorf, wo zum ersten Mal ›Stille Nacht‹ gesungen wurde (Kirchenplatz 13, Di.–Fr. 9.00–12.00 u. 14.00 bis 17.00, Sa. 14.00–17.00 Uhr).

Aktivitäten: Radweg Ried–Obernberg–Schärding und Ried–Pramet–Ried zum Badesee von Pramet (9 km südl.).

Veranstaltungen: Landwirtschaftsmesse mit **Volksfest** (1. Sept.-Woche in ungeraden Jahren); kleinere Messe (gerade Jahre April).

Umgebung: In **Pram** (9 km östl.) uralte Furthmühle (Schaubetrieb nach Anmeldung, Tel. 07736/6255). In **Haag** (14 km östl.) Schloss Starhemberg (16. Jh.); Sommerrodelbahn (Mitte April–Ende Okt. tgl. 10.00–17.00 Uhr); ›Weg der Sinne‹, Erlebnispfad zum Lebensraum Wald (3 km, tgl. offen, Talstation der Sommerrodelbahn). In **Pötting** (5 km nördl.) bei Andrichsfurt bietet der ›Moar Sepp‹ schmackhafte Regionalküche (Pötting 12, Di.–Fr., nur abends, Tel. 07750/3302).

ⓘ Tourismusverband, Kapuzinerberg 8,
A-4910 Ried im Innkreis, Tel. 07752/85180,
www.ried.at

Bad Schallerbach 4

Kurort (308 m) im Westen der Welser Heide mit Schwefelthermalquelle (37°C).

Aktivitäten: Eurotherme (Promenade 1) mit Wasserpark Aquapulco (3100 m²): Meereswellenbecken, Wildwasserkanal, Wasserrutschen, Sauna, Dampfbad, Aromagrotte, Solarien, Massagen. Radfahren, Tennis.

Veranstaltungen: Int. **Musiksommer**. In Meggenhofen (15 km südwestl.) **Theater im Bauernhof**, klassische und moderne Komödien (Mitte Juni–Ende Juli, Tel. 07247/7110).

Umgebung: Das Wasserschloss (12./16. Jh.) **Aisterheim** (18 km südwestl.) ist Privatbesitz und dient Veranstaltungen.

ⓘ Gästeservice, Promenade 2,
A-4701 Bad Schallerbach, Tel. 07249/420710,
www.bad-schallerbach.at

Lambach 5

Stiller Ort (367 m) an der Traun.

Sehenswert: Das **Benediktinerstift**, in seiner heutigen Form 1678–1705 errichtet. Die bedeutenden romanischen Fresken (um 1080) sind Überbleibsel der Vorgängerkirche (1056). Die Stiftskirche, das barocke Kloster und das kleine Theater sind reich mit Stuck, Fresken und Skulpturen geschmückt, u. a. von Diego Francesco Carlone (Führungen Ostern–Okt. tgl. 14 Uhr). Eng mit Lambach verbunden ist die **Wallfahrtskirche** (1705–1725) von **Stadl Paura** jenseits der Traun. Der Rokokobau hat einen dreieckigen Grundriss: Es gibt drei Altäre und drei Türme.

Museum: Schiffsleut-Museum zur Salztradition (Pfarrhof, Mai–Okt. So. 14.00–16.00 Uhr).

Umgebung: In **Roitham** (8 km südl.) wurde der Traunfall Mitte des 16. Jh. vom kaiserlichen Forstmeister Thomas Seeauer für die Salzschifffahrt reguliert: zu sehen von der Straße nach Gmunden.

ⓘ Tourismusverband, Marktplatz 8,
A-4650 Lambach, Tel. 07245/28355-14,
www.oberoesterreich.at/lambach

Bad Wimsbach-Neydharting 6

Moorbad (388 m) in reizvoller Umgebung mit Moorforschungsinstitut.

Museen: Paracelsushaus und **Moormuseum** (Führung Mi. 14.30 Uhr).

Aktivitäten: Moorbad im Kurhaus, Moorhallenbad.

Umgebung: In **Steinerkirchen/Traun** (5 km nordöstl.) bei Schloss Almegg (12. Jh.) das Agrarium, ein ›sinnlicher‹ Erlebnispark für Jung und Alt (Mai–Sept. tgl. 10.00–17.00 Uhr, Okt. nur So.).

ⓘ Kurverband, Markt 6,
A-4654 Bad Wimsbach-Neydharting,
Tel. 07245/25980, www.oberoesterreich.at/wimsbach.neydharting

Bäuerlicher Eigensinn

Österreichs dominierende Flüsse, die sich im bayerischen Passau vereinen, umschließen eine herb-schöne bäuerliche Landschaft mit stolzen kleinen Städten wie Obernberg, Braunau oder Schärding. Die Klöster Reichersberg und Engelszell waren die Antwort auf die Rebellion der protestantischen Bauern, die sich gegen ihre katholischen Feudalherren erhoben. Den Eigenwillen haben die Innviertler behalten, sie setzen sich mit geradliniger Direktheit durch: Bei ihnen weiß man immer, woran man ist.

Die Donauschlinge von Schlögen – ein landschaftlicher Höhepunkt im von der Natur reich bedachten Donautal.

▲ Barocke Einheit: Schärding

▼ Staininger-Grabstein in Braunau

▼ Stift Reichersberg mit Michaelsbrunnen von Thomas Schwanthaler

▲ *Rokokozauber an Obernbergs Marktplatz*

▼ *Historischer Stadtplatz in Braunau*

Es ist kein Zufall, dass sich bayerische und österreichische Orte im Inntal in Architektur und Lebensgefühl so ähneln. Bis 1816 gehörte das Innviertel mit kurzen Unterbrechungen zu Bayern. Man denkt und spricht ähnlich, liebt die gleiche deftige Kost und braut ein hervorragendes Bier, das in gemütlichen Braugasthöfen, etwa in Altheim oder Braunau, ausgeschenkt wird.

Braunau: Ort der Versöhnung

Braunau, eine der Städte am Inn, die von der günstigen Verkehrslage zwischen Linz, Salzburg und Passau profitierten, vermittelt mit seiner Altstadt noch heute mittelalterliches Flair. Die Schatten der jüngeren Vergangenheit sollen mit einer Stätte der Begegnung und Versöhnung vertrieben werden. Jahrzehntelang litt die Stadt unter dem Makel, Hitlers Heimat zu sein. Nun sollen im Haus Salzburger Vorstadt 15, wo Hitler 1889 geboren wurde, junge Menschen aus aller Welt in einem ›Haus der Verantwortung‹ Raum für friedliche Gespräche und Begegnungen finden und der Stätte dadurch neue Bedeutung geben. Bundesregierung und EU sollen bei diesem Vorhaben helfen.

Gastliches Kloster Reichersberg

Hoch über dem Inn, nahe der Barockgemeinde Obernberg, thront eines der einladendsten Klöster des Landes: Stift Reichersberg. Es entstand auf dem Platz einer mittelalterlichen Befestigung und wurde nach einem Brand im Barock neu gebaut. Die Augustiner setzen auf Gastfreundlichkeit. Wer will, kann mit den Geistlichen in heiter-gelöster Atmosphäre durch die Innauen wandern, seine Kräfte im sportlichen Wettbewerb messen, meditieren und in der stimmungsvollen Kirche beten. Auch Kultur und Kulinarika stehen auf dem Gastprogramm: Gute Konzerte gehören ebenso zum Angebot der Chorherren wie Weinverkostungen in der Vinothek und festliche Schmäuse im Stiftsgasthof.

Gestylt: Schärding

Wie vom Designer gestylt: Kein anderer Stadtplatz im Land ist von so einheitlicher Eleganz wie der von Schärding. Seine spätbarocken Fassaden mit den geschwunge-

▲ Auf den Höhen bei Vichtenstein ist Heuernte noch Handarbeit

▼ Alfred Kubins Arbeitszimmer in Zwickledt

▲ Blick vom Sauwaldrand bei Vichtenstein auf Bayerns Hügel

▲ Burg Vichtenstein an der Donau

▼ Bei Wernstein: Innfähre ... ▲ ... und Innradweg – am anderen Ufer liegt Bayern

nen Giebeln variieren in Farbe und Dimension, aber nicht im Stil. 1809, als napoleonische Truppen die Stadt anzündeten, blieb vom Platz nur eine Brandruine. Aber bald erstand er in harmonischem Gleichklang neu. ›Silberzeile‹ heißt der Obere Stadtplatz, weil hier die reichen Kaufleute ihre Silberlinge horteten. Schärding ist auch heute eine vitale Handelsstadt mit etlichen Galerien und Antiquitätenläden, großer Brauerei und einer von Barmherzigen Brüdern geleiteten Kneippanstalt.

SPECIAL

Berühmte Sauwaldkartoffel

Ein karges Waldland mit wenigen Siedlungen ist der Sauwald zwischen Inn und Donau. Der Name Sauwald wird sowohl von Passau, dem einstigen Besitzer, als auch von den früher so häufigen Wildsauen abgeleitet. Für ihre Qualität berühmt ist die Sauwaldkartoffel, die als ›Mitgebratene‹ den traditionellen Innviertler Schweinsbraten ergänzt. Der Kirchenwirt von Wernstein serviert sie für größere Tafelrunden in riesigen Pfannen.

Inntal – gut für Inspirationen

Der Grenzfluss Inn ist durch Stauwerke breit und behäbig geworden. Ruderer nutzen ihn als Rennstrecke, ein schachtelartiges Schiff gondelt mit Touristen flussabwärts, vorbei an der hochragenden Neuburg und ihrem gegenüber gelegenen Vorwerk in Wernstein. Vom Ufer grüßt die Mariensäule, die Kaiser Ferdinand III. von Wien hierherbringen ließ, um sie seinem Hofkammerpräsidenten Ludwig Graf Sinzendorf zu schenken. In Wien, vor der Kirche Am Hof, steht die Kopie.

Wernstein bot immer wieder Künstlern Inspiration. Der Schriftsteller Alexander Giese (* 1921), die bildenden Künstler Johanna Dorn (1913 bis 1988), Herbert Fladerer (1913–1981) und Alois Dorn (1908–1985) arbeiteten hier bis in die Gegenwart. 1906 zog der Maler, Grafiker und Dichter Alfred Kubin (1877–1959) in einen Gutshof im nahen Zwickledt. Dort entstanden Grafiken, Bilder und Bücher, deren Thema das rätselhaft Grauenerregende ist. Teile seines Werks sind heute in seinem einstigen Lebensbereich zu sehen.

▲ Original: Direktor des Forellenzirkus in St. Ägidi

▼ Donauidylle bei Wesenufer

▲ Trappistenkloster Engelszell, einst Quartier für Reisende

▲ Fadingerhof in St. Agatha ▼ Modernes Deckenfresko von F. Fröhlich in Engelszell

Die Grenze des Römerreichs

Das Donautal mit seiner Vielfalt der Landschaft und der Architektur ist ideal zum Dahinbummeln, Wandern, Radeln. Diese uralte Kulturlandschaft hat Zeugnisse aus einer mehr als zweitausendjährigen Geschichte bewahrt. Römersteine wie das Tor des Westlagers an der Donauschlinge Schlögen erinnern daran, dass die Donau einst Grenze des römischen Imperiums war.

Im Mittelalter nahmen Burgen die Funktion der römischen Wachtürme auf den Anhöhen wahr. Der romanische Bergfried von Burg Vichtenstein signalisiert das sehr deutlich. Manchmal wurden die Burgherren, wie die Falkensteiner auf Rannariedel, auch zu Wegelagerern, die Schiffe kaperten und Handelsleute ausplünderten.

Mächtiges Passau

Ab 739 kolonisierte und christianisierte Deutschlands größtes Bistum Passau über tausend Jahre lang den Donauraum. Die machtvollen Klöster am Strom sind alle seine Gründungen. Auch das Stift Engelszell im Ort Engelhartszell. Seit 1925 bewohnen dieses Kloster – als einziges in Österreich – Trappisten, ein Orden mit strengen Regeln. Der Bet- und Arbeitstag der Mönche beginnt um 3.30 Uhr. Sie betreuen auch ein Altersheim – und erzeugen einen würzigen Kräuterlikör sowie einen hervorragenden Käse.

Donauschlinge Schlögen

Bei Schlögen verändert die Donau in einer S-Schleife ihren Verlauf um 180 Grad und nimmt erst bei Inzell die alte Laufrichtung nach Südosten wieder auf. In dieser Landschaft erhielten sich über 7000 Tierarten und seltene Pflanzen wie Wildkirsche, Streifenfarn, Schlafmohn. Der Donauradweg (Passau–Wien) und der Donau-Höhenwanderweg (Passau–Linz) führen hier vorbei.

Etwas weiter südlich wird oberhalb des Flusses in St. Agatha die Erinnerung an die Hauptleute des Bauernaufstandes gegen die bayerische Herrschaft, Stephan Fadinger und Christoph Zeller, wachgehalten. Sie kämpften für die Befreiung des Landes von der bayerischen Herrschaft und fielen beide 1626.

PASSAU
SCHÄRDING
VILSHOFEN
OSTERHOFEN
PLATTLING
HENGERSBERG
WALDKIRCHEN
HAUZENBERG
PFARRKIRCHEN
SIMBACH
BRAUNAU
POCKING
BAD GRIESBACH
RIED
GRIESKIRCHEN
EFERDING
Rotthalmünster
Bad Birnbach
Bad Füssing
Obernberg
Neuburg
Fürstenzell
Tittling
Freyung
Peuerbach
Donau
Inn
Sauwald
Innviertel
Neumarkt
Sulzberg
Horní Planá
Nová Pec
72
82
94
106
50
40
28

Braunau am Inn 1

Die bayerisch-österreichische Grenz- und historische Handelsstadt (17400 Einw., 351 m) hat ein mittelalterliches Zentrum. Im OT Ranshofen steht ein bedeutendes Aluminiumwerk.

Sehenswert: **Stadtplatz** mit gotischem Torturm und barockem Brunnen. Stadtpfarrkirche **St. Stephan** (1492) mit 96 m hohem Turm, reichem Westportal, gotischer Steinkanzel; **Grabstein** des Stadthauptmanns Hans Staininger (1567), der sich in seinen bodenlangen Bart verwickelte und sich den Hals brach. Bürgerspitalskirche **Hl. Geist** (1430) mit Arbeiten aus dem Schwanthalerkreis. Spätgotische ehem. **St. Martinskirche**.

Museen: **Stadtmuseum** ist heute die gotische Herzogsburg, die niemals Sitz des Herzogs, sondern nur seiner Geldeintreiber war (Altstadt 10, Di.–Sa. 13.00–17.00, Juli u. Aug. auch 10.00–12.00 Uhr). **Heimathaus** ist das ehem. Glockengießerhaus (in Betrieb 1385 bis 1896; Johann-Fischer-Gasse 18, Führungen Mai–Sept. Di.–Sa. 15.00 Uhr).

Aktivitäten: Angeln, Reiten, Tennis, Kanu/Kajak (Austria Kanu Tours, Gießereistr. 8, Tel. 07722/81600). In Altheim (12 km östl.) informativ markierter Römer-Radweg. In Geinberg (15 km östl.) Therme mit Innen- und Außenbecken, Restaurant und Hotel.

Veranstaltung: **Europ. Konzertsommer** (Juli bis Sept.) mit Open-Air-Operette u. Kirchenkonzerten in Aspach (29 km südöstl., Tel. 0664/5405484).

ⓘ Tourismusverband, Stadtplatz 2,
A-5280 Braunau am Inn, Tel. 07722/62644,
www.braunau.at

Obernberg am Inn 2

Tausend Jahre alte Handelsstadt (365 m) auf einer Terrasse oberhalb des Inns.

Sehenswert: Bunte Häuser am **Marktplatz**. Besonders hübsch das Apothekerhaus (Nr. 38) mit Rokokofassade. Im 17. Jh. barockisierte spätgotische **Hallenkirche**. **Burg** (16. Jh.) mit Falknerschau (tgl. 15.00 Uhr).

Museum: **Heimathaus** im Gurtentor, u. a. Flößerei u. Schifffahrt (Marktplatz, Mai–Okt. Do.–So. 14.00–18.00 Uhr).

Aktivitäten: Fischen, Paddeln, Ballonfahrten.

Veranstaltungen: **Pferdemarkt** (Sa nach dem 19. März); **Marktfest** (2. Juli-Wochenende); **Katreinmarkt** (Sa nach dem 24. Nov.).

Umgebung: **Stift Reichersberg** (2 km nördl.) mit langem Arkadenhof, Brunnen mit hl. Michael (1697) von Th. Schwanthaler; in der Kirche Grabstein der Stifterfamilie (1470), reicher Freskenschmuck (Führungen Mi. u. So. 15.00 Uhr, Ostern bis Allerheiligen tgl.); **Vinothek** (Mo.–Fr. 13.00–18.00, Sa. bis 17.00 Uhr); **›Bräustüberl‹** mit bodenständiger und feiner Küche. Ausstellungen, Konzerte, geistliche Ferien (Bildungszentrum Stift Reichersberg, Tel. 07758/23130).

ⓘ Tourismusverband, Marktplatz 4,
A-4982 Obernberg am Inn, Tel. 07758/3600,
www.oberoesterreich.at/obernbergaminn

Schärding 3

Herausragende Barockstadt (318 m) am Inn.

Sehenswert: Reste der alten **Befestigungen**, **Stadttore**, zwei **Stadtplätze** mit pastellfarbigen Bürgerhäusern. **Stadtpfarrkirche** (1720) mit Heiligenfiguren an den Vierungspfeilern. **Brauerei Kapsreiter** (Linzer Str. 1, Führung u. Bierverkostung n. Anm., Tel. 07712/47740; ›Kapsreiter Stüberl‹).

Museum: **Heimatsammlung** im äußeren Torturm (April–Okt. Mi. u. Do. 14.00–17.00, Sa. u. So. 10.00–12.00 Uhr).

Aktivitäten: Stadtbad mit Funpark, Angeln, Reiten, Kutschfahrt in der Altstadt; Kneippkuren; Innschifffahrt (Tel. 07712/3231). Golf (18 Loch) in Taufkirchen a. d. Pram (12 km südöstl.).

Veranstaltungen: **Bauern- u. Wochenmarkt** (jeden 2. Sa. u. Do.) auf dem Stadtplatz; **Musik-, Literatur-, Theaterveranstaltungen** im Kubinsaal am Schlosspark.

Umgebung: **Wernstein** (5 km nördl.), reizvoll am Inn gelegener Künstlerort, barocke Mariensäule (1638). Im östl. Nachbarort **Zwickledt** Kubinmuseum (Di.–Do. 10.00–12.00 u. 14.00–16.00, Fr. 9.00–12.00 u. 17.00–19.00, Sa. u. So. 14.00–17.00 Uhr). In **Andorf** (14 km südöstl.) Innviertler Freilichtmuseum (April bis Okt. Sa. u. So. 14.00–17.00 Uhr).

ⓘ Tourismusverband, Unterer Stadtplatz 19,
A-4780 Schärding, Tel. 07712/4300-0,
www.schaerding.at

Engelhartszell 4

Donaugemeinde (292 m) mit Österreichs einzigem Trappistenkloster.

Sehenswert: **Kloster Engelszell**, 1295 vom Passauer Bischof als Raststätte für die Passauer Domherren auf dem Weg nach Eferding gegründetes Zisterzienserstift. Nach Brand Neubau der Stiftskirche (1754–64) mit eleganter Ausstattung: Fresken, Altäre, Kanzel von Bartolomeo Altomonte und Johann Georg Übelherr; 1957 Neugestaltung des Langhausfreskos durch Fritz Fröhlich (tgl. 8.00 bis 17.00 Uhr, Führungen ab 8 Pers. n. Anm., Tel. 07717/8010-0). Die Trappisten, die das Kloster 1925 erwarben, errichteten auf den Liegenschaften ein Mustergut.

Aktivitäten: Freibad, Wasserski, Motorwassersport, Reiten, Tennis; Donauradweg; Wandern auf Schmugglersteigen (12 km).

Umgebung: In **St. Ägidi** (4 km südl.) in der Erledtmühle Forellenzirkus (Mühlbach 3, siehe Hinweistafeln, Tel. 07717/7552). **Kleines Kößlbachtal** am Esternberg (ca 10 km westl.); unberührte Landschaft mit Tümpeln, Feuchtwiesen, seltener Flora und Fauna. **Burg Vichtenstein** (10 km nordwestl.), im 12. Jh. gegründet, im 16. Jh. ausgebaut, romanischer Bergfried (nicht zugänglich). **Kraftwerk Jochenstein** (3 km nördl.), von 1952 bis 1956 erbaut, 174 m lang, 20 m hoch, mit einer Doppelschleuse für die Schifffahrt (Führungen). **Schloss Rannariedl** (4 km südl.), 1260 als Burg gegründet, im 16. Jh. repräsentativ ausgebaut (nicht zugänglich). In **Wesenufer** (6 km südl.) ist das ehemalige Schloss Niederwesen (17. Jh.) nur von außen zu besichtigen.

ⓘ Tourismusbüro, A-4090 Engelhartszell 61,
Tel. 07717/8245, www.engelhartszell.at

Haibach/Schlögen 5

Über der Donauschlinge liegt Haibach (563 m) mit dem dazugehörigen Schlögen (287 m).

Sehenswert: Die herrliche Landschaft der **Donauschlinge**. Direkt am Strom verläuft die wenig befahrene Straße Schlögen–Inzell. Am Ufer hübsche Einkehrmöglichkeiten, Jachthafen. In **Haibach** die barockisierte spätgotische Kirche. In der Umgebung typische Innviertler **Drei- und Vierseithöfe**.

Aktivitäten: Angeln, Tennis, Hallenbad (Okt. bis April), Rundwege mit gutem Überblick über die Landschaft, Weitwanderweg von Haibach bei Passau nach Haibach an der Donau durch den Sauwald (62 km); Donau-Höhenwanderweg von Passau über Linz und Grein nach Ybbs (Gepäcktransport, Quartier, Wanderkarte über Werbegemeinschaft Donau Oberösterreich, Tel. 0732/772545).

ⓘ Tourismusverband,
A-4083 Haibach ob der Donau 40,
Tel. 07279/8235, www.haibach-donau.at

St. Agatha 6

Erholungsdorf (600 m) mit herrlicher Aussicht vom Böhmerwald bis zu den Alpen.

Sehenswert: **Fadingerhof**, Erinnerungsstätte an den Freiheitskämpfer der Bauernkriege Stephan Fadinger (1580–1626).

Aktivitäten: Erlebnisbad, Tennis, Wandern (Donau-Höhenwanderweg), Asphaltstockschießen, Langlauf.

ⓘ Tourismusverband, Kirchenplatz 1,
A-4084 St. Agatha, Tel. 07277/8255-15,
www.st-agatha.at

Stille Welt an der Grenze

Seinen Namen hat das Mühlviertel von drei Flüssen: der Großen, Kleinen und Steinernen Mühl. Durch die Grenzlage jahrzehntelang isoliert, haben Handel und Tourismus seit dem Fall des Eisernen Vorhangs deutlich zugenommen – ohne die Beschaulichkeit des Landes zu stören. Auf der Hochebene der Mühlviertler Alm entstand eine Wanderreitregion mit 460 Kilometern markierter Reitwege. Um Schwarzenberg treffen sich Künstler und Kunstfreunde, in der Donaustadt Grein Theater- und Opernbesucher.

Mit stiller Würde trägt St. Christophorus das Christuskind auf seinen Schultern im Schrein des Kefermarkter Altars.

▲ *Der schmale Schwarzenbergkanal brachte das Holz aus dem Böhmerwald zur Donau*

▼ *Im Mühlviertel kann man noch mit der Sense umgehen*

▼ *Moderne Überraschung: Plastiken rund um Schwarzenberg*

▲ Vom Bärenstein oberhalb von Ulrichsberg sieht man bis zu den böhmischen Moldauseen

▲ Barocke Hofkapelle des Siebtelbauernhofs in Schwarzenberg

▼ Haslacher Webermarkt

An der Mitternachtsseite des Ländchens Österreich zieht ein Wald seinen Dämmerstreifen westwärts‹, schreibt der Dichter, Maler und Pädagoge Adalbert Stifter (1805–1868) über seine Heimat, den Böhmerwald. Die Schilderungen einer stillen, melancholischen Landschaft im Nordwesten Österreichs haben noch immer Gültigkeit.

Mühlviertel: Dreiflüsseland

Zwar führen genügend gute Straßen durch das Mühlviertel, das im Norden vom Böhmerwald begrenzt ist, aber der Tourismus hat nichts an der herben Ursprünglichkeit des von Granitfelsen durchwachsenen Hügellands verändert. Drei- und Vierseithöfe aus weiß verputztem Stein, Klöster und Kirchen, Burgen und Schlösser überhöhen die Landschaft, die bis ins 13. Jahrhundert von undurchdringlichem Wald überzogen war.

1218 kamen Prämonstratensermönche in den Urwald und gründeten Kloster Schlägl, das zum kulturellen Kristallisationspunkt des Mühlviertels wurde. Heute versammeln Symposien in Schwarzenberg und Kollerschlag bildende Künstler und Kunstfreunde zu schöpferischer Arbeit und vergnügten Events in einer Landschaft, von deren Bergen Hochficht (1337 Meter) und Bärenstein (1077 Meter) man bis weit jenseits der Grenzen sieht.

Auf den Spuren der Triftarbeiter

Wald und Wasser bildeten den einzigen Reichtum des Landes. Über Flüsse, Bäche, Teiche und den Schwarzenbergkanal wurde das Holz donauwärts geflößt. Der Kanal, 1791 von 1200 Männern errichtet, verband nicht nur das heutige Tschechien, Deutschland und Österreich. Mit Schleusen und Durchlässen überwand er auch die kontinentale Wasserscheide zwischen Moldau und Donau. Das 52 Kilometer lange technische Meisterwerk von einst haben mittlerweile naturbegeisterte Wanderer und Radfahrer für sich entdeckt, die auf den Spuren der Triftarbeiter tief in Mitteleuropas größte geschlossene Waldfläche eintauchen. Seine ursprüngliche Aufgabe, den Holztransport, zeigt der Kanal heutzutage nur noch bei den großen Schauschwemmen.

▲ Renaissance-Schloss Weinberg in Kefermarkt

▲ Burgruine Waxenberg bei Leonfelden

▲ Reichenthaler Kanzel: ›Sieben Todsünden‹

▼ Kefermarkter Altar

▼ Freistadt, ›Stadt der Freien‹: Hier handelten tüchtige Kaufleute im Mittelalter mit Salz und Eisen

Webermarkt in Haslach

Die blau blühenden Flachsfelder, die dem Oberen Mühlviertel einst so viel romantischen Zauber verliehen, sind selten geworden. Aber die Leinenweberei spielt noch immer eine wichtige Rolle. Haslach, seit dem Mittelalter ein wichtiger Salzumschlagplatz zwischen dem Salzkammergut und Böhmen, wurde zum Webermarkt, als sich die Leinenfertigung von den bäuerlichen Handwebereien zum mechanisierten Industriebetrieb verlagerte.

Bis heute kommen edler Waffelstoff, Matratzengradl, Haustextilien und Trachtenstoffe aus Haslach und Umgebung und können angeschaut, befühlt, gekauft werden. Europäische Designer treffen sich jedes Jahr in Haslach zu Workshops. Die Wurzeln der Mühlviertler Textilkultur werden in einer lebendigen Museumslandschaft sichtbar gemacht.

SPECIAL

Weltkunst im stillen Winkel

In der Kirche von Kefermarkt findet sich eines der genialsten Schnitzwerke Europas, durchaus mit den Arbeiten von Veit Stoß, Tilman Riemenschneider oder Wolfgang Pacher zu vergleichen: der Kefermarkter Altar (um 1500), dessen Schöpfer nicht bekannt ist. Dass es den Altar heute noch gibt, ist Adalbert Stifter zu verdanken, der das vergessene, von Würmern zernagte, 13,5 Meter hohe Kunstwerk 1852 für die Nachwelt rettete. Allerdings ist es heute auf die pure Form reduziert – die Farbe ging bei der Restaurierung verloren. Aber die Ausdruckskraft der Hauptfiguren, des heiligen Wolfgang, Christophorus und Petrus, das Wunderwerk der Figuren und Ornamente überdauerte die Jahrhunderte.

Am Reißbrett entworfen

Wer bei der Altstadt von Freistadt genau hinsieht, merkt es: Das ist eine mittelalterliche Reißbrettsiedlung. Die Babenberger pflanzten sie 1220 in den Kreuzungspunkt wichtiger Handels- und Einfallsstraßen, auf denen vor allem Salz und Eisen von Süden nach Norden transportiert wurden. An der heute noch existierenden Befestigung lässt sich ablesen, wie gefährdet Freistadt durch die Grenznähe war.

▲ Am Ostrand des Mühlviertels liegt das Tanner Moor mit Aussichtswarte

▼ Mühlviertler Alm: ›Gespräch‹ unter sechs Augen

▼ Nostalgiefahrt mit der Pferdeeisenbahn

▲ ›Steinbloßhof‹ in Bad Zell

▼ Pechölbrennen auf dem Kreuzbergerhof in Schönau

Fast mediterran mutet dagegen der große Hauptplatz mit seinen schönen Patrizierhäusern an – und vermittelt damit das Selbstbewusstsein einer freien Stadt. Ein Bürgerprivileg hat sich bis heute erhalten: das der 1777 gegründeten Braucommune. Jeder Besitzer eines Altstadthauses hat Anteile daran. Freies Bier für freie Bürger.

Gerstensaft, Pech und Honig

Seit Mitte des 19. Jahrhunderts wird, vor allem um Neufelden, mit großem Erfolg Hopfen angebaut. Das gute, klare Wasser, das man neben Malz zum Bierbrauen braucht, ist in reichem Maß vorhanden. In 18 Schlössern, Klöstern, Braugasthöfen, die über das Mühlviertel verstreut sind, kann man auf einer Bierreise das Land und seine Bierspezialitäten kennen lernen. Im 1523 gegründeten Brauhaus von Neufelden zum Beispiel das Edelmärzen, das naturtrübe Kellerbier im Krug, oder den Neufeldner Bierbrand. Auch die Schlossbrauerei Weinberg in Kefermarkt produziert ein naturtrübes Bier. Dem Bier der Freistädter Braucommune wird etwas Reis beigemengt, was einen sehr festen Schaum ergibt.

Bäuerliche Originale, wie Pechölbrenner, Schafzüchter und Imker, bieten ihre naturbelassenen Produkte an. Noch nicht auf den (Honig-)Geschmack gekommen? In Zwettl helfen der 3,5 Kilometer lange Bienenerlebnisweg und das Bienenmuseum auf die Sprünge. Bienenprodukte kaufen kann man auch.

Unterwegs mit 1 PS

Im sanften Hügelland der Mühlviertler Alm um Unterweißenbach etablierte sich ein beispielhaftes Modell landschaftsbezogenen Tourismus: ein auf viele Orte verteilter Reitbetrieb. 460 Kilometer beschilderte Wege warten auf den Wanderreiter und Planwagenfahrer. Nicht nur die Gastronomie hat sich auf berittene Gäste eingestellt. Überall gibt es Stallungen, Leihpferde, Sattler, Hufschmiede, Tierärzte.

Bis zum 15. Dezember 1872 tat der Kamerad Pferd im Mühlviertel noch ganz andere Arbeit. Auf Schienen zog er eine Pferdeeisenbahn von Gmunden im Salzkammergut über Linz bis ins böhmische Budweis. Auslöser für den von 1827 bis

▲ Aus dem Mittelalter stammt die im 17. Jahrhundert ausgebaute Greinburg – heute ein Schifffahrtsmuseum

▲ Donaustadt Grein

▲ Greinburg: Arkadenhof ...

▼ ... und Blick aus dem Rittersaal in die Schlosskapelle

▲ Schloss Schwertberg an der Aist ▼ Festlich: Taftdirndl und Goldhaube

1836 dauernden Bau des Schienenwegs war die Idee Franz Josef von Gerstners, den Salztransport zu vereinfachen. Nach einiger Zeit entwickelte sich auch ein reger Personenverkehr, der 1997 mit der Restaurierung des einstigen Pferdeeisenbahnhofs in Kerschbaum wiederbelebt wurde. Inzwischen sind auf dem musealen Gelände 500 Meter der historischen Trasse wieder errichtet. Weitere Zeitzeugen – Brücken, Viadukte, Bahnwärterhäuschen – säumen den 70 Kilometer langen Wanderweg Linz–Bujanov, welcher der alten Pferdeeisenbahnstrecke folgt.

SPECIAL

Sommerzeit – Festspielzeit

Im Sommer wird Grein zur Bühne. Das Rokokotheater von 1791 am Stadtplatz ist das älteste und kleinste Stadttheater Österreichs und fasst nur 163 Besucher. Das Besondere: versperrbare Sitze für die Stammgäste und ein direkter Zugang vom einstigen Gefängnis. Im weinumrankten Arkadenhof der Greinburg werden während der Donaufestwochen weniger bekannte Barockopern aufgeführt. Eher volkstümlich ist die Stimmung auf den Kirtagen und Zeltfesten, bei denen man die festlichen Goldhaubentrachten sieht.

Strudengau: tödliche Strudel

Die Donau, die das Mühlviertel im Süden begrenzt, zeigt sich bei Grein von ihrer romantischsten – einst auch gefährlichsten – Seite. Die Flussenge unterhalb des Ortes mit ihren von unsichtbaren Felsen verursachten Strudeln forderte bis ins 20. Jahrhundert zahlreiche Opfer. Sogar Kaiserin Elisabeth kenterte hier 1854 auf ihrer Brautfahrt nach Wien. In Grein und St. Nikola wohnten die Lotsen, die die gefährlichen Stellen kannten. Im Schiffsmuseum auf der Greinburg lässt sich anhand von Modellen nachvollziehen, wie mühselig einst der Weg der von Pferden stromaufwärts gezogenen Schiffe war. Die abenteuerliche Route durch den Strudengau wurde erst 1954 durch den zwölf Meter hohen Staudamm des Kraftwerks Ybbs entschärft. Heute bringt die Fahrt durch diesen Donauabschnitt nur Freude an der herrlichen Landschaft.

Horní Planá
Lipno
vodní nádrž
Frymburk
Rožmberk n. Vlt.
Vyšší Brod
Kaplice
Dol. Dvořiště
Benešov n. Černou
Žofínský prales
Weitra
Zwettl
Sulzberg
Schlägl
Aigen i. M.
Haslach i. M.
Rohrbach
Neufelden
Bad Leonfelden
Freistadt
Kefermarkt
Freiwald
Weinsberger W.
Mühlviertel
Donau
NSG
Eferding
Wilhering
Linz
Leonding
Traun
Ansfelden
Markt St. Florian
Enns
Mauthausen
Perg
Grein
Strudengau
Machland
Steyregg
Pregarten
Wels
Grieskirchen
Welser Heide
Ardagger Stift
St. Valentin
Wallsee
Bad Kreuzen
Bad Zell
Königswiesen
Katsdorf
Hollerberg
60
50
28
40
50
82
94
106
1
2
3
4
5
6

Infos

Ulrichsberg 1

Ferienort (626 m) am Hochficht 1338 m).

Museum: Glasausstellung und Adalbert-Stifter-Stube im **Heimat- und Kulturhaus** (Mo.–Sa. 9.00–12.00, Mo.–Mi. u. Fr. 14.00–17.00 Uhr). **Manufaktur** für edles Leinen: Friedrich Leitner, Stiftergasse 25, Tel. 07288/2250.

Aktivitäten: Freischachanlage am Raiffeisenplatz, Golfpark Böhmerwald (27 Loch); Eislaufen, Rodeln, Skigebiet Hochficht: 7 Lifte, 9 Abfahrten, Halfpipe mit Funpark (Anf. Dez.–Ostern 9.00–16.00 Uhr).

Umgebung: In **Klaffer** (5 km nordwestl.) Heilkräuterparadies, großer Schau- und Lehrgarten (Mai–Okt. 9.00–17.00 Uhr). Aussichtsberg **Bärenstein** (1077 m) mit Stifter-Gedenkstein (5 km nördl.). Im Dreiländereck liegt **Schwarzenberg** (13 km nordwestl.) mit barocker Hofkapelle am Siebtelbauernhof, Skulpturenpark (Kreativseminare Juli u. Aug., auch für Kinder, Tel. 07280/255).

ⓘ Tourismusverband, Markt 28,
A-4161 Ulrichsberg, Tel. 07288/7005,
www.ulrichsberg.at

Aigen-Schlägl 2

Doppelort (596 m) an der Großen Mühl.

Sehenswert: Stift Schlägl (1260 erbaut, 1626 im Bauernkrieg zerstört, barocker Wiederaufbau). Die Stiftskirche mit romanischer Krypta und mittelalterlicher Raumaufteilung ist barock ausgestattet (B. Altomonte u. a.). Die Stiftsbibliothek wird auch für Konzerte genutzt (Stiftsbesichtigung Mai–Okt. Di.–So. 10.00–12.00 u. 13.00–17.00 Uhr). In der Stiftsbrauerei (1633) gärt Roggenbier.

Museen: Kulturgut Oberes Mühlviertel (Stiftsmeierhof, Juni–Sept. tgl. außer Mo. u. Fr. 14.00–17.00 Uhr). **Wachsmuseum Donabauer** (Schlägler Hauptstr. 3, Mo.–Sa. 9.00 bis 18.00, So. 10.00 bis 17.00 Uhr).

Aktivitäten: Paddeln und Naturstrandbad an der Großen Mühl (moorschwebstoffhaltiges Wasser), Reiten, Golf (18 Loch); Langlauf.

Veranstaltungen: Stiftskonzerte.

Umgebung: Schwarzenberger Schwemmkanal (nordöstl.), markierte Wander- u. Radwege von **Aigen**, **Ulrichsberg** oder **Haslach**. Brezerhaus (16. Jh.) in **Rutzersdorf** (6 km südl.), ältestes Mühlviertler Bauernhaus (So. nachm. Jausenbetrieb). Von **Kollerschlag** (13 km westl.) Wanderroute ›Stoanaweg‹ (19 km) mit riesigen Granitgebilden. Künstleratelier mit Sommerkursen: Werkstatt Kollerschlag (Juli u. Aug.,Tel. 07287/8103).

ⓘ Tourismusverband, Hauptstr. 2,
A-4160 Aigen-Schlägl, Tel. 07281/20065,
www. aigen-schlaegl.at

Haslach 3

Webermarkt (531 m) am Zusammenfluss von Großer und Steinerner Mühl.

Sehenswert: Ringmauer um die Stadt, hübscher **Marktplatz** mit Torturm, **Schloss Helfenberg** (17. Jh.), **Ruine Piberstein** (13. Jh.).

Museen: Heimatmuseum im alten Torturm (Mai–Okt. Mi. u. So. 10.00–11.00 Uhr). **Webereimuseum** (Kirchenplatz 3, April–Okt. Di.–So. 9.00–12.00 Uhr). **Museum für mechanische Musik** (Windgasse 17, nur nach Anm., Tel. 07289/71379). **Mühlviertler Ölmühle** (Stahlmühle 1, Mo.–Fr. 8.00–17.00 Uhr, Anm.: Tel. 07289/71216).

Aktivitäten: Naturstrandbad auf einer Halbinsel an der Großen Mühl (moorschwebstoffhaltiges Wasser), Wandern, Kanu, Kajak, Tennis, Webkurse für Flickenteppiche.

Veranstaltungen: Textile Kultur Haslach, Kurse für ungewöhnliche Webtechniken (14 Tage im Juli); **Webermarkt**, Leinen, Flickenteppiche, Blaudruck u. a. m. (Ende Juli).

Umgebung: Neufelden (18 km südl.) mit barockem Marktplatz; Ruine Pürnstein (gegründet im 10. Jh.). In **Altenfelden** (16 km südl.) Wildpark mit über 1000 Tieren (tgl. 9.00 bis 17.00, im Winter 10.00–16.00 Uhr) in märchenhaft schöner Landschaft, zu der auch die romantische **Rabensteinklamm** gehört. **Bad Leonfelden** (29 km östl.), Kurort in schöner Umgebung, mit Moor- und Kneipptherapien; barocke Wallfahrtskirche Maria Schutz, Schwedenschanze aus dem Dreißigjährigen Krieg, berühmte Konditorei und Lebzelterei ›Kastner‹ (Hauptplatz 26); Ausflüge auf den **Sternstein** (1122 m).

ⓘ Tourismusverband, Marktplatz 45,
A-4170 Haslach, Tel. 07289/72300,
www.haslach.at

Freistadt 4

Die mittelalterliche Festungs- und Handelsstadt (560 m) gilt als ›Hauptstadt‹ des Mühlviertels.

Sehenswert: Mittelalterliche **Altstadt** mit dem **Schloss** (14. Jh.) samt Turm. Gotische **Katharinenkirche** (13. Jh.), teilbarockisierte fünfschiffige Basilika mit Schlingrippengewölbe im Chor (1501) und figurenreichem Orgelgehäuse (1705). Romanische **Johanneskirche** mit gotischem Chor.

Museum: Heimatmuseum, Hinterglasmalerei (Schloss, Mai–Okt. 9.00–12.00 u. 14.00 bis 17.00 Uhr).

Aktivitäten: Freibad, Hallenbad, Tennis, Angeln, Reiten, Gleitschirmfliegen, Fallschirmspringen, Inlineskating.

Umgebung: In **Kerschbaum** (6 km nördl.) Museum im ehem. Bahnhof der Pferdeeisenbahn (Mai–Okt. Sa. u. So. 13.00–17.00, Juli u. Aug. auch Mo.–Fr. 14.00–17.00 Uhr). In **Zwettl** an der Rodl (27 km südwestl.) Bienenerlebnisweg. In **Sandl** (15 km östl.) Hinterglasmalerei-Museum (Mai–Okt. Di.–So. 10.00–12.00 u. 14.00–16.00 Uhr); Kunsthandwerkskurse. Beim **Schloss Rosenhof** (1773) romantische Bade- und Fischteiche. In **Reichenthals** (10 km nordwestl.) Pfarrkirche (19. Jh.) originelle Kanzel (1907) zu den sieben Todsünden.

ⓘ Tourismusverband, Hauptplatz 14,
A-4240 Freistadt, Tel. 07942/75700,
www.freistadt.at

Kefermarkt 5

Kleiner, schön gelegener Ort (512 m).

Sehenswert: 13,5 m hoher **Schnitzaltar** in der Pfarrkirche, den Schlossherr Christoph von Zelking (1467–1491) in Auftrag gab. **Schloss Weinberg** (1305, Renaissance-Umbau) mit Instrumentenmuseum u. gastlicher Brauerei.

Aktivitäten: Naturlehrpfad (1 km), Rad- und Wanderwege, 460 km Reitwege auf der Mühlviertler Alm (Unterweißenbach, 30 km östl.).

Veranstaltung: Weinberger Advent (2. Advent).

Umgebung: Wasserschloss **Schwertberg** (18 km südl.), heute Freilichtbühne. Radonkurort ist **Bad Zell** (26 km südöstl.).

ⓘ Tourismusbüro, Oberer Markt 15,
A-4292 Kefermarkt,Tel. 07947/5910,
www.kefermarkt.at

Grein 6

Uraltes Donauschifferstädtchen (239 m) mit reizvollem Hinterland.

Sehenwert: Schloss Greinburg mit Arkadenhof (17. Jh.). Österreichs ältestes **Stadttheater** (1791) (Führung nach Anm., Tel. 07268/7730). Spätgotische Pfarrkirche **St. Ägidius** mit barockem Helm. **Biedermeiercafé** ›Blumensträußl‹ (Stadtplatz 6, Mo. geschl.).

Museum: Schifffahrtsmuseum (Greinburg, Mai u. Okt. Di.–So. 10.00–12.00 u. 13.00–17.00, Juni–Sept. Di.–So. 10.00–18.00 Uhr).

Aktivitäten: Angeln, Wassersport, Floßfahrten Wallsee–Sarmingstein (Tel. 07433/25900), Strudengau-Rundfahrten (Tel. 07479/64640).

Veranstaltungen: Sommerspiele, Theater (Juli u. Aug.); **Donaufestwochen**, Oper (Aug.).

Umgebung: In **Waldhausen** (14 km nordöstl.) barocke Stiftskirche. In **St. Thomas** am Blasenstein (11 km nördl.) ›luftgeselchter Pfarrer‹ (Mumie). **Klam** (7 km westl.) mit Burg (1149, im 17. Jh. ausgebaut), gotischer Kapelle, Privatbrauerei, Museum (Mai–Okt. tgl. 9.00–17.00 Uhr). **Klamschlucht.**

ⓘ Tourismusverband, Stadtplatz 7, A-4360
Grein, Tel. 07268/7055, www.grein.at

TERHAUSER
TERHAUSER
TERHAUSER
MITTERHAUSER

Jung und voller Ideen

Linz hat sich verwandelt: Aus der traditionellen Handelsstadt wurde ein Zentrum neuer kultureller und wirtschaftlicher Ideen, ein Schmelztopf multinationaler Energien. Linz – das bedeutet Eisen und Stahl, exquisit dargebotene Musik, zeitgenössische bildende Kunst, zukunftsträchtige Technologie und ihre – manchmal skandalumwitterte – Umsetzung in populären Events. Das bedeutet aber auch heiteres Straßentheater, Bummeln durch gemütliche Altstadtgassen, Einkehr in heimeligen Gasthöfen, Weihnachtsmarkt auf dem Pöstlingberg.

Die ›Visualisierte Linzer Klangwolke‹ verbindet Musik mit modernsten Licht- und Lasereffekten.

▼ Der Planetenbrunnen (1582) von Peter Guet ...

▲ ... steht in der Linzer Altstadt, hinter dem großen Portal des Landhauses

▲ Linzer Torte aus Mürbeteig mit Marmelade

▲ Der Hauptplatz mit der Dreifaltigkeitssäule aus Marmor und dem Alten Dom im Hintergrund

▲ 2003 eröffnet: das Kunstmuseum Lentos

▼ Pflasterspektakel in der Linzer Altstadt

Linz, das ist die Stadt mit den vielen Gesichtern. Westlich des über der Donau gelegenen Schlosses steht eine der ältesten in der ursprünglichen Form erhaltenen Kirchen Österreichs. St. Martin (799) erhebt sich über römischen Fundamenten auf dem Platz, den schon die Kelten nutzten. Lentos oder Lenta ist der keltische, von den Römern übernommene Name für Linz. Die Stadt profitierte immer von ihrer Lage am Kreuzungspunkt der Handelswege entlang der Donau und über die Donaufurt, Richtung Prag und Venedig. Das fruchtbare Hinterland war ein weiteres Potenzial der Handelsstadt.

SPECIAL

Residenzstadt-Intermezzo

Acht Jahre ist Linz ab 1485 durch Kaiser Friedrich III. Residenzstadt, die letzten drei Jahre sogar ›Hauptstadt‹. Der Habsburger stirbt 1493 in Linz, wird aber in Wien begraben. Sein Herz jedoch bleibt in Linz. Es findet seine letzte Ruhe in der Stadtpfarrkirche. Dort und an der Westseite des Schlosses bleibt auch das Wappen des Kaisers mit dem unterschiedlich gedeuteten Wahlspruch: A.E.I.O.U. Eine der vielen Erklärungen lautet: Alles Erdreich ist Österreich untertan. Die kurze Zeit als kaiserliche Residenz hat wenig Folgen. Linz bleibt eine Stadt selbstbewusster Bürger und maßvoller Architektur.

Der Weg zur Industriestadt

Zu gravierenden Veränderungen kommt es durch die Gründung der Stahlwerke in der Nazizeit und durch deren Bombardierung im Krieg. Danach ist Linz eine zwischen Russen und Amerikanern aufgeteilte zerstörte Stadt. Erst nach dem Abzug der Besatzungsmächte 1955 beginnt der Wiederaufbau. Heute werden im Linzer Donauhafen 60 Prozent aller Güter Österreichs verladen. Die Vereinigten Österreichischen Eisen- und Stahlwerke (Vöest) sind trotz mancher Krisen noch immer ein wichtiger Faktor des Wirtschaftszentrums, das auch Tagungen und Kongresse anzieht. Unübersehbar ist das multifunktionale Veranstaltungshaus, das Design Center, mit seiner gewagten Glasdachkonstruktion. Ebenso spektakulär: das Gebäude des Lentos-Kunstmuseums.

▲ Linz: Barocker Figurenofen im Schlossmuseum

▲ Installation ›To the Antipodes‹ im Foyer des Design Center

▼ Moderne Plastik im Donaupark

▲ Flugsimulator im Ars Electronica Center ▼ Museum Francisco Carolinum

Puls der Zeit: Ars Electronica

Musik erfüllt die Weite des nächtlichen Donautals, verbreitet sich über Linz, lässt die riesige Menschenschar am Ufer vibrieren. Lichtbündel durchstoßen das Dunkel, zucken im Rhythmus der Musik. Die Sterne, Funkenflüsse, der silbrige Regen des Feuerwerks scheinen mitzutanzen. Linz feiert die Eröffnung der Ars Electronica, des ältesten Festivals für experimentelle Kunst.

Die Ars Electronica wurde 1979 begründet, zwei Jahre ehe IBM seinen ersten PC auf den Markt brachte. Bei der Schnelligkeit technologischer Entwicklung war das die Steinzeit des Medienzeitalters. Die Themen der Ars Electronica, die Kultur und Technik versöhnen will, gehen längst über die Kommunikation hinaus: Kritisch umkreist werden auch Gen- und Biotechnologie.

Seit 1996 gibt es mit dem Ars Electronica Center die Zukunftsvisionen auch museal: Ein Computerchip dient als Führer zu Multimedia, Virtual Reality, International Networking.

Es begann mit Bruckner

Eigentlich ist der demütig naive, geniale ›Musikant Gottes‹ Anton Bruckner (1824 bis 1896) daran schuld, dass Linz innerhalb von zwanzig Jahren ein neues, junges Image bekam. Die Konzerte des 1974 eröffneten Brucknerhauses wurden auch der modernen Musik gewidmet und schließlich ins Freie übertragen. Laser- und Lichteffekte visualisieren jetzt die Klänge. Bis zu 100 000 Besucher sammeln sich jedes Jahr am Donauufer vor dem Brucknerhaus, um das Zusammenspiel von Licht und Musik zu genießen. Es gibt eine ›Visualisierte Klangwolke‹, eine ›Kinderklangwolke‹ und eine ›Klassische Klangwolke‹ – alle Anfang September zum Auftakt des Brucknerfestes.

Stelzengeher und Jongleure

Davor bietet von Juni bis August der Linzer Kultursommer nahezu täglich Theater, Konzerte und Open-Air-Veranstaltungen. Mittendrin geben sich alljährlich im Juli für drei Tage rund 600 Straßenkünstler beim Pflasterspektakel ein Stelldichein. Europas größtes Straßenfestival macht die

▲ An der Donaufähre vor Ottensheim

▼ Ideal für Rennruderer: die Donau

▼ Stift Wilhering: Rokoko in Pastelltönen

▲ Alte Schiffbauerstadt am Strom: Aschach

▲ Weihnachtsmarkt am Linzer Pöstlingberg ...

▼ ... mit der passenden Musik

Linzer Innenstadt zur Bühne für Stelzengeher, Feuerschlucker, Jongleure, Clowns und Puppenspieler.

Von Frühjahr bis Herbst führt der Drachenexpress durch die Märchenwelt der Grottenbahn auf dem Pöstlingberg. Linz' 537 Meter hohen Hausberg ›erklimmt‹ seit über hundert Jahren eine Bergbahn. 16 Minuten dauert die Fahrt zur herrlichen Aussicht. Besonders stimmungsvoll ist es im Advent, wenn vor der Wallfahrtskirche die Lichter des Weihnachtsmarktes funkeln.

Jubelndes Rokoko

Westlich von Linz breitet sich die Donau, die durch Hügelketten eingeengt wurde, behaglich in ihrem Bett aus. Am Fuß des Kürnberger Waldes liegt das 1146 gegründete Zisterzienserkloster Wilhering, dessen Anlage nach einem Brand 1733 wiederaufgebaut wurde. Wilhering ist die schönste Rokokokirche des Landes, in zarten Pastelltönen gehalten, mit kunstvollen Stuckaturen verziert. Achthundert vergnügte Barockengel schweben in einem blassen Himmel, zwischen Heiligen und der Himmelskönigin.

Per Fähre erreicht man Ottensheim jenseits der Donau, das sich an einen schlossbekrönten Felsen schmiegt. Im Kindlhaus, Marktplatz 16, soll der spätere Kaiser Otto IV. geboren sein (1208). Das machen zumindest die Darstellung eines Wickelkindes und ein naiver Reim glauben. Historisch ist es allerdings nicht belegt.

Stadt zu verkaufen

So einfach war das einmal: Im Jahr 1367 kauften die Herren von Schaunberg die Stadt Eferding ›mit allem Zubehör‹ – also mit ihren Bewohnern – vom Passauer Bistum. Bis 1559 blieb die Stadt in ihrem Besitz, dann ging sie an die Starhemberger, die eine wichtige Rolle in der Geschichte Österreichs spielen sollten. Graf Rüdiger war der Verteidiger Wiens in der zweiten Türkenbelagerung 1683. Das Schloss Starhemberg in Eferding ist jetzt im Sommer Kulisse einer Handwerkerschau. An der Straße nach Stroheim erinnert eine Tafel daran, dass hier 1626 heimlich die Anführer des Bauernaufstands Stephan Fadinger und Christoph Zeller verscharrt wurden. 3000 Bauern fielen bei diesen Kämpfen.

LINZ
Leonding
Traun
Ansfelden
WELS
ENNS
PERG
St. Valentin
Steyregg
Puchenau
Wilhering
Eferding
Mauthausen
Machland
Welser Heide
Markt St. Florian
Donau
Traun
Enns
Burg Klam
Schwertberg
Pregarten
Gallneukirchen
Pfennigberg
Asten
Hörsching
Pasching
Marchtrenk
Neuhofen a.d.Kr.
Kremsdorf
Altenberg b.L.
Hellmonsödt
Bad Zell
Tragwein
Strengberg
Wallsee
Mitterkirchen
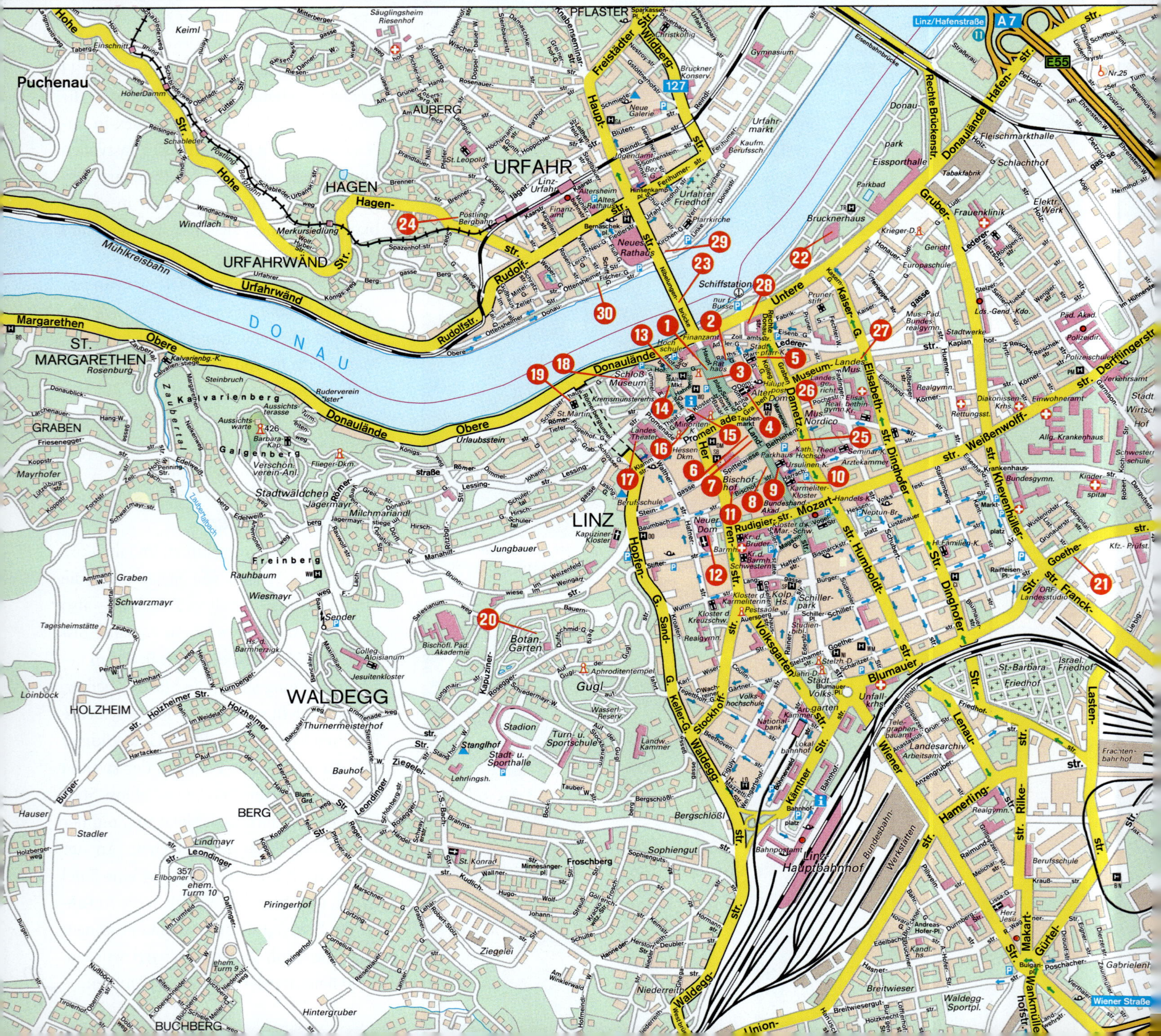
DONAU
URFAHR
LINZ
URFAHRWÄND
HAGEN
Puchenau
AUBERG
ST. MARGARETHEN
GRABEN
WALDEGG
HOLZHEIM
BERG
Freinberg
Gugl
Hauptbahnhof
Botan. Garten
Stadion
Schloss Museum
Alter Dom
Neuer Dom
Landhaus
Brucknerhaus
Schiffsstation
Neues Rathaus
Urfahraner Friedhof
St.-Barbara-Friedhof
Donaulände
Obere Donaulände
Untere Donaulände
Rudolfstr.
Hagen-Str.
Hohe Str.
Landstr.
Mozart-Str.
Humboldt-Str.
Dinghofer-Str.
Goethe-Str.
Blumauer
Wiener Str.
Kapuziner-Str.
Waldegg-Str.
Stockhof-Str.
Linz/Hafenstraße
Wiener Straße
A 7
E55
127
Kalvarienberg
Pöstlingberg
Jägermayr
Rosenbauer
Hamerling-Str.
Lenau-Str.
Elisabeth-Str.
Rechte Brückenstr.
Gruber-Str.
Weißenwolff-Str.
Derfflinger-Str.
Krankenhausstr.
Franck-Str.
Rilke-Str.
Makart-Str.
Hintergruber
Buchberg
Stadt-u. Sporthalle
Froschberg
Muhlkreisbahn
Ziegelei
Sophiengut
Bergschlößl
Jungbauer

Linz ① – ㉚

Die Hauptstadt (188 000 Einw.) Oberösterreichs liegt an der Donau. Handels-, Industrie- und Schulstadt mit hohem Grünanteil (53 %).

Geschichte: Seit der Altsteinzeit besiedelt; keltische Befestigung auf dem Freinberg, 15 v. Chr. römische Zivilbesiedelung, 700 östlichster bayer. Stützpunkt, 905 Marktrecht, 1236 Befestigung, 1458 Münzstätte, seit 1490 freie Bürgermeister- und Richterwahl durch Friedrich III., 1672 erster Industriebetrieb, 1832 Pferdeeisenbahn Linz–Budweis, 1858 Anschluss an die Westbahn, 1938 Gründung der Eisen- und Stahlwerke Vöest, 1967 Universität, 1994 Design Center, 1996 Ars Electronica Center, 2003 Lentos Kunstmuseum.

Sehenswert: 1260 wurde der Hauptplatz angelegt (220 x 60 m), in der Mitte die **Dreifaltigkeitssäule** ① (1714) von Antonio Beduzzi. An der Ostseite das **Alte Rathaus** ②, Renaissancebau (1513), achteckiger Turm, barocke Fassade. Schräg gegenüber (Nr. 18) das **Feichtingerhaus** ③ (1686) mit schönem Arkadenhof und Glockenspiel (11.00, 14.00, 17.00 Uhr, Bruckner-Melodien). Pietro Francesco Carlone erbaute den **Alten Dom** ④ (1669–78), auch Ignatius- oder Jesuitenkirche, seit 1785 Bischofskirche, mit kunstvollem Chorgestühl aus dem Stift Garsten. Am Pfarrplatz nördlich des Rathauses **Stadtpfarrkirche Mariä Himmelfahrt** ⑤ (13. Jh., Langhaus 1649–53) mit Wappengrabstein Kaiser Friedrichs III. (1415–93), dessen Herz hier begraben ist.

Die Landstraße ist die wichtigste Geschäftsstraße. Sehenswert: **Palais Weißenwolff** ⑥ (Nr. 12), Barockbau (1715) mit graziösem Balkon; ehemaliges **Schlägler Stiftshaus** ⑦ (Nr. 16), Renaissancebau (1643) von Francesco Canevale; **Klosterhof** ⑧ (Nr. 30), Spätrenaissancebau mit Gaststätte. Zweitürmiger Barockbau ist die **Ursulinenkirche** ⑨ (ab 1736). Im benachbarten Kloster, Ursulinenhof (Nr. 31), Landeskulturzentrum mit Kellertheater. Nebenan die **Karmeliterkirche** ⑩ (ab 1690) mit Barockfassade (1722). Seit 1784 Bischofssitz und Linz' schönstes Barockpalais ist der **Bischofshof** ⑪ (ab 1720, Jakob Prandtauer; Herrenstr. 19). Der **Neue Dom** ⑫ (ab 1862, Weihe 1924; Rudigierstraße) ist Österreichs größte Kirche.

In der Altstadt zwischen Hauptplatz und Schlossberg kleine krumme Gassen mit stilvoll renovierten alten Häusern und reizvollen Bauten wie dem **Apothekerhaus** ⑬ (Hofberg 10/Hofgasse 16), Renaissancebau mit blau-weißer Barockfassade. Im **Kremsmünstererhaus** ⑭ soll Friedrich III. gestorben sein (Altstadt 10). Im **Starhemberger Freihaus** ⑮ (Altstadt 17/Klosterstraße 20) schrieb Mozart als Gast des Grafen Johann Anton Thun-Hohenstein die ›Linzer Symphonie‹ (1783). Im **Landhaus** ⑯ (Promenade 24/Klosterstraße 11), ursprünglich Kloster (ab 1236), ab 1655 im Renaissancestil von Christoph Canevale ausgebaut, wirkte der Astronom Johannes Kepler als Lehrer (1612–1626) der protestantischen Schule. Marmorportal (1570) mit den Wappen der österreichischen Länder. Im Arkadenhof im Sommer Konzerte. Ganzjährig bespielt werden **Landestheater** und **Kammerspiele** ⑰ (Promenade 39). Das **Schloss** ⑱ entstand 1286 auf dem Boden einer römischen Befestigung; ab 1477 baute Friedrich III. es aus. Wappenstein mit A. E. I. O. U. über dem Tor des Vorwerks. 1800 brandzerstörte Teile wurden nicht wieder aufgebaut. Die **Martinskirche** ⑲ ist bereits 799 urkundlich erwähnt. Der Bau aus karolingischer Zeit hat einen Chor aus dem 15. Jh. **Botanischer Garten** ⑳ mit 600 m² großen Gewächshäusern, 4,2 ha Freigelände, Kakteensammlung (Roseggerstraße 20, Bus 27 ab Taubenmarkt). Architektonisch extravagant ist das Kongresshaus **Design Center** ㉑ (Europaplatz 1, gelegentlich Ausstellungen). Heikki Siren baute 1974 das **Brucknerhaus** ㉒, Konzerthaus mit 130 m langer Glasfront zur Donau (Untere Donaulände 7, 1400 Sitzplätze). Die **Nibelungenbrücke** ㉓ nach Urfahr entstand ab 1938; ihre hölzerne Vorgängerin (1497) war die dritte Donaubrücke auf österreich. Boden. Europas steilste **Adhäsionsbahn** ㉔ (Mo.–Sa. 5.40–20.20, So. 7.15–20.20 Uhr) fährt zur **Wallfahrtskirche** (1738) auf dem **Pöstlingberg** (537 m) jenseits der Donau. Oben Märchenwelt der Grottenbahn für Kinder (April bis Allerheiligen u. Adventssonntage).

Museen: Linz Genesis ②, Stadthistorie im Zeitraffer (Altes Rathaus, Mo.–Fr. 9.00–13.00 und 14.00–18.00 Uhr, Sa./So. nur mit Stadtführer). **Schlossmuseum** ⑱, kunst- u. kulturhistorische Sammlungen (Tummelplatz 10, Di. bis Fr. 9.00–18.00, Sa./So. 10.00–17.00 Uhr). **O. K. Centrum für Gegenwartskunst** ㉕ (Dametzstraße 30, Di.–Fr. 16.00–22.00, Fr. bis 24.00, Sa./So. 10.00–18.00 Uhr). **Stadtmuseum Nordico** ㉖ (Dametzstraße 23, Mo.–Fr. 9.00–18.00, Sa./So. 14.00–17.00 Uhr). **Landesgalerie** ㉗, Kunst des 20. Jh., zeitgenössische oberösterreichische Kunst (Museumstraße 14, Di.–Fr. 9.00–18.00, Sa./So. 10.00 bis 17.00 Uhr). **Adalbert-Stifter-Haus** ㉘, Wohn- u. Sterbehaus des Dichters (1805–68), Gedenkraum, Zentrum der regionalen Literaturszene (Untere Donaulände 6, Mo., Di., Do. 8.00–13.00 und 14.00–18.00, Mi. und Fr. 8.00–13.00 Uhr). **Ars Electronica Center** ㉙, Europas erste umfassende Schau für digitale Medien (Hauptstraße 2, Mi., Do., Fr. 9.00 bis 17.00, Sa./So. 10.00–18.00 Uhr; www.aec.at).

TOP ZIEL **Lentos** Kunstmuseum ㉚ (Ernst-Koret-Promenade 1, Mi.–Mo. 10.00–18.00, Do. bis 22.00 Uhr; www.lentos.at).

Cafés (Linzer Torte): Leo Jindrak (Herrenstraße 22). K & K Hofbäckerei (Pfarrgasse 17).

Aktivitäten: Spielkasino, Stadtrundfahrt im Minizug, geführter Stadtrundgang (Mai–Mitte Okt. tgl. 10.30 Uhr, Altes Rathaus), 4 Golfplätze (18 Loch) rund um Linz, Donauschifffahrt, Kulturradweg Linz–Steyr–Wels.

Veranstaltungen: Urfahraner Jahrmarkt (April/Mai u. Sept./Okt.); **Passion**, Musik in Linzer Kirchen (April); **Kultursommer** (Juni bis Aug.); **Pflasterspektakel** (Ende Juli); **Wein & Kunst in der Altstadt** (Ende Aug./Anf. Sept.); **Klangwolke** und **Festival Ars Electronica** (Anf. Sept.); **Brucknerfest** (Sept./Okt.); **Linzer Adventbummel** (Nov./Dez.).

ⓘ Tourist-Info, Hauptplatz 1, A-4020 Linz, Tel. 0732/7070-1777, www.linz.at

Ottensheim ㉛

Donaumarkt mit historischem Ortskern.

Sehenswert: Schöne alte **Bürgerhäuser** um den Marktplatz. **Pfarrkirche** (15. Jh.) mit Gruft der Vorgängerkirche (um 1200). **Schloss** (Mittelalter, 1627 umgebaut).

Umgebung: Per Donaufähre zu erreichen ist **Stift Wilhering**, 1146 gegründete Zisterzienserabtei, nach Brand 1733 im Rokokostil wieder aufgebaut, schöner Stiftsgarten.

ⓘ Tourismusverband, Donaulände 4, A-4100 Ottensheim, Tel. 07234/83622, www.ottensheim.at

Eferding ㉜

Die Stadt (seit 1222) ist als Everdingen im Nibelungenlied erwähnt.

Sehenswert: Mittelalterlicher **Stadtplatz**. Pfarrkirche **St. Hippolyt** mit frühbarocker Ausstattung. Burgruinen **Schaunberg** und **Stauf**. Renaissanceschloss **Starhemberg**.

Stadtmuseum: Schloss Starhemberg (Mai bis Sept. So. 10.00–12.00 und 14.30–17.00 Uhr).

ⓘ Tourismusverband, Stadtplatz 31, A-4070 Eferding, Tel. 07272/5555160, www.eferding.at

Aschach ㉝

Donaugemeinde mit alter Schiffsbauertradition.

Sehenswert: Gotische **Pfarrkirche**, 1979 nach Plänen von Clemens Holzmeister erneuert. **Donaukraftwerk** (1959–64).

ⓘ Tourismusverband, Kurzwernhartplatz 5, A-4082 Aschach, Tel. 07273/6355, www. aschach.at

S 10,-
SHOPPING
ANNA ROSSI
S 10,-
SHOPPING

Solider Wohlstand

Zwei Flüsse wurden zum Schicksal einer ganzen Region: Steyr und Enns schufen die natürliche Verbindung zwischen dem steirischen Erzberg und der Stadt Steyr, die Werkzeug- und Waffenlieferant des Kaiserreichs wurde. Damit sorgte Steyr für Aufschwung in der Region. Die schmucken alten Ortsbilder bezeugen es.
Bis heute ist der Raum Steyr-Wels-Enns einer der wohlhabendsten Teile Österreichs. Sakralen Reichtum demonstrieren die Stifte St. Florian und Kremsmünster.

Reise ins Mittelalter: die Steyrer Altstadt in Zwischenbrücken – im Nordosten zwischen den Flüssen Steyr und Enns.

▲ Den Ennser Hauptplatz überragt der Stadtturm, ... ▼ ... den Welser Stadtplatz der Ledererturm

▼ Blick vom 60 Meter hohen Ennser Stadtturm

▲ Enns liegt am Kulturradweg Linz–Steyr–Wels

▼ Haus der Salome Alt in Wels

▼ ›Venus von Wels‹ im Stadtmuseum

Auf dem Messegelände von Wels fetzen junge Männer in stromlinienförmigen Carts um die Kurven. Die Stadt ist ein vitaler Messeplatz, der Interessenten aus Landwirtschaft und Medizin ebenso anzieht wie die Liebhaber von Antiquitäten oder die Fans amerikanischer Autos.

Wels – Stadt der Zeitreisen

Und beim mittelalterlichen Stadtfest klirren die Rüstungen, wenn die ›Ritter‹ zum Turnier über den Stadtplatz sprengen. Wels ist eine Stadt der Zeitreisen. Schon vor knapp 400 Jahren träumte eine Frau im schönsten der vielen Patrizierhäuser ihrer bewegten Vergangenheit nach: Salome Alt (1568–1633). Sie war die große Liebe des energiegeladenen Fürsterzbischofs von Salzburg, Wolf Dietrich von Raitenau (1559 bis 1617), mit dem sie vierzehn Kinder hatte. Wolf Dietrich, der dem Bayernherzog Maximilian I. den Krieg erklärte, wurde gefangen und bis zu seinem Tod auf Hohensalzburg eingekerkert. Salome Alt zog in ein Erkerhaus am Welser Stadtplatz und trug Schwarz, bis sie sechzehn Jahre nach Wolf Dietrich starb.

Residenz Maximilians

Nach Wels zog es auch Kaiser Maximilian I., der sich nach den Reisen durch sein Riesenreich – auch Burgund gehörte dazu – bei der Jagd mit seinem Freund Wolfgang von Polheimer entspannte. ›Der letzte Ritter‹, wie Maximilian genannt wurde, schuf durch Kriege, Diplomatie und gute Heiraten die Machtbasis für Generationen von Habsburgern nach ihm. Wels war neben Wien und Freiburg Verwaltungsstadt des Reiches. Um 1500 ließ er die gotische Burg für sich ausbauen. Auf der Reise von Innsbruck nach Wiener Neustadt erkrankte er schwer und starb 1519 sechzigjährig in Wels. Begraben wurde er in Wiener Neustadt, sein Bronzegrabmal steht in der Innsbrucker Hofkirche.

Die römische Vergangenheit

Wels entwickelte sich aus der römischen Kolonistenstadt Ovilava. Und wer heute Enns besucht und die mittelalterlichen Patrizierhäuser oder den Renaissanceturm bewundert, sollte auch hier tiefer in die

▲ Krippenschau in Steinbach

▼ Zwei Millionen Stempel pro Fest vom Postamt Christkindl

▼ St. Florian: Bruckner-Orgel ...

▲ ... und barocke Stiftsgebäude

▼ Albrecht Altdorfers Sebastian-Altar in der Stiftsgalerie

Vergangenheit blicken. Im nahen Lorch (Lauriacum) sind unter der gotischen St.-Laurenz-Basilika Reste eines römischen Tempels, einer Wasserleitung und einige Kunstgegenstände sichtbar gemacht worden. 304 ließ hier während der Christenverfolgung Kaiser Diokletian einen gewissen Florianus ertränken. Der römische Magistratsbeamte sollte zum populärsten Heiligen Österreichs werden – Schutzpatron der Feuerwehr. Darstellungen von Sankt Florian in silberner Rüstung und mit Wasserkübel schmücken überall Kirchen und Häuser.

SPECIAL

Kloster über Florians Grab

Florianus wurde außerhalb der Stadt Lauriacum begraben, die Grabstelle heimlich verehrt. Eine Kapelle entstand, schließlich ein Kloster. Daraus erwuchs eines der schönsten Stifte Österreichs: St. Florian. Urkundlich genannt wurde es schon 888, Bedeutung bekam es durch die Augustiner-Chorherren ab 1059. Im 17. Jahrhundert entstand die barocke Anlage, die, wie alle Klöster aus der Zeit der Gegenreformation, die Macht der Kirche und ihre Verbundenheit mit dem Hause Habsburg demonstriert. Ihre Grundform ist ein gigantischer Vierkanthof, wie er im Voralpenland sehr häufig anzutreffen ist. Ein besonders schöner steht übrigens ganz in der Nähe: das Freiluftmuseum Sumerauerhof.

Bruckner, der Musikant Gottes

Eines von dreizehn Kindern eines Ansfeldener Lehrers begann in St. Florian als Sängerknabe seine musikalische Ausbildung: Anton Bruckner. Er wurde dann Organist und improvisierte oft auf der großen Orgel von St. Florian. Sein Vorbild war Richard Wagner.

Als er selbst zu komponieren begann, nannten das seine Kritiker ›Katzenmusik‹. Der einfache, scheue Künstler verstand es nicht, seine Musik durchzusetzen. Er war zwar international als Organist berühmt, aber die Tiefe, den Einfallsreichtum seiner Musik, die auch ländliche Motive veredelte, erkannte man erst, als der Musikant Gottes unter der großen Orgel von St. Florian begraben war.

▲ *Fluss und Stadt Steyr mit der zweitürmigen Michaelerkirche*

▼ *Nur das ›Bummerlhaus‹ widerstand der Barockisierung an Steyrs Stadtplatz*

▲ Steyr: Stadtplatz mit Leopoldbrunnen ▼ Renaissancebauten an der Pfarrgasse

▼ Restaurantterrasse des Museums Industrielle Arbeitswelt

▼ Hof von Schloss Lamberg mit Steinzwergen

Auf Eisen gebaut: Steyr

In den Motoren vieler Traktoren und Luxusautos steckt das Know-how einer jahrhundertelangen Eisentradition, die in und um Steyr gepflegt wurde. Bis heute werden hier Motoren, Landmaschinen, Traktoren und Lastwagen gebaut.

Die Stadt am Zusammenfluss von Enns und dem Fluss Steyr ist nicht nur durch Geschichte, Namen und Wappen mit der Steiermark verbunden. Vom steirischen Erzberg, der in karger Umgebung liegt, kam Eisen im Tausch gegen Lebensmittel nach Steyr. Die beiden Flüsse waren das erste und wichtigste Transportmittel durch die schwer zugängliche Bergwelt dazwischen.

Um 980 Burgsitz des steirischen Herrschergeschlechts der Otakare, war die Stadt ab dem Mittelalter zur Waffenschmiede des Habsburgerreichs geworden. Dort, wo die alte Burg lag, breitet sich heute das Barockschloss Lamberg aus, dessen Kapelle jetzt das Standesamt von Steyr ist.

Repräsentation und Innovation

Wie reich hier schon im Mittelalter gebaut wurde, beweist das ›Bummerlhaus‹ aus dem 15. Jahrhundert, in dem sogar Kaiser Maximilian I. Quartier nahm. Den Namen bekam das Haus von dem Löwen als Hauszeichen, der die Steyrer eher an einen kleinen Hund, ein Bummerl, erinnerte.

Seine zweite Blüte erlebte Steyr, als der Büchsenmacher Josef Werndl (1831–1889) mit seiner revolutionären Entwicklung von Gewehren Welterfolg hatte. Die Steyr-Werke wurden zum Großbetrieb, der auch Fahrzeuge aller Art, Dynamos und Glühbirnen erzeugte. 1884 hatte die Stadt die erste elektrische Straßenbeleuchtung Europas. Die moderne Industrie, die außerhalb des Zentrums liegt, hat die Schönheit der alten Stadt nicht beeinträchtigt.

Arbeitswelt museal

Der industriellen Arbeitswelt ist in Steyr seit 1987 ein eigenes Museum gewidmet. In einer Messerfabrik aus dem Jahr 1770 mit wechselnder Nutzung werden heute vom Wasserrad bis zum Computer der Alltag und die Arbeitsbedingungen der Eisenstadt Steyr dokumentiert. Das Museum

▲ *Innovativer Barock im Stift Kremsmünster: der Mathematische Turm …*

▼ *Benediktinerpater in der Stiftsbibliothek*

▼ *… und die Fischkalter von Carlo Carlone*

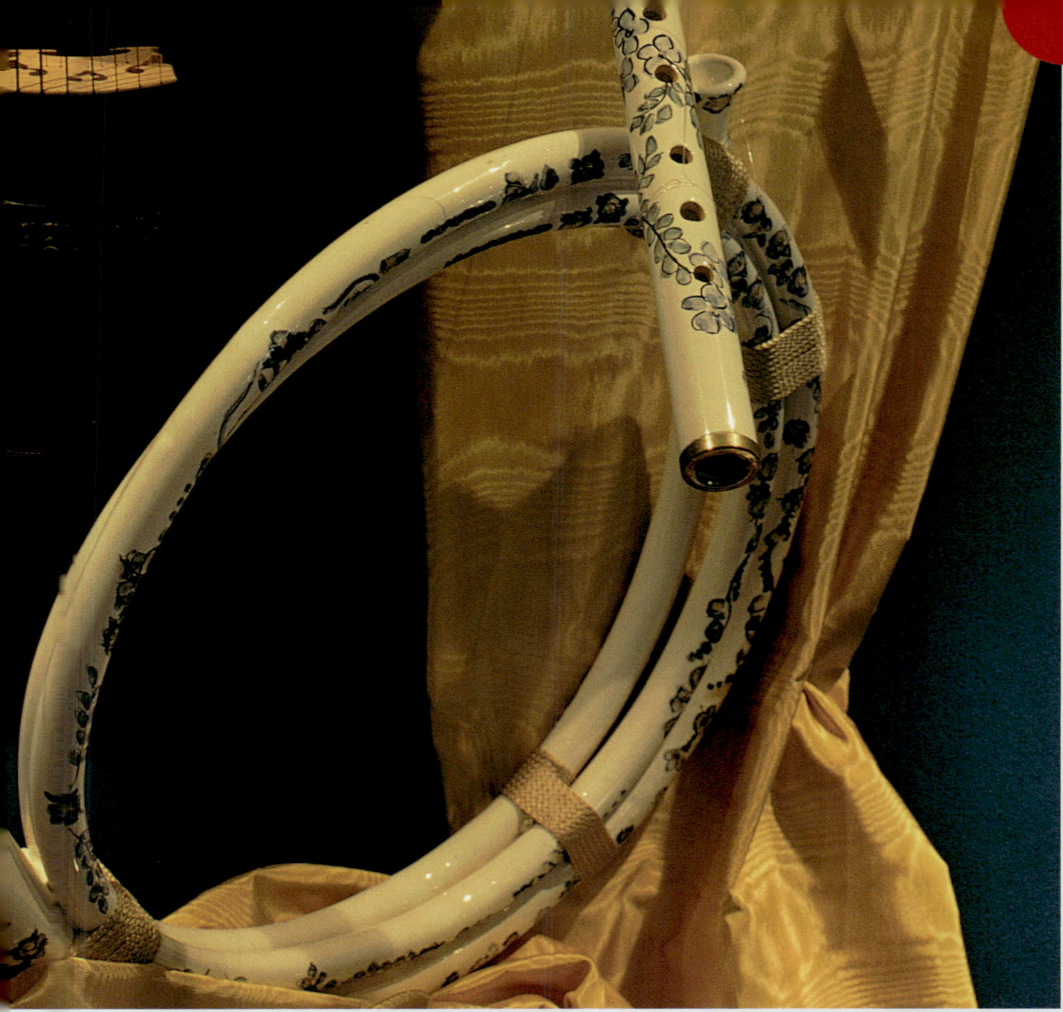

▲ Instrumentensammlung auf Schloss Kremsegg

▼ Schloss Feyregg in Bad Hall

liegt im Wehrgraben, wo seit dem Mittelalter Eisen geschmiedet wurde und wo auch Josef Werndl seine Fabrikanlagen und Arbeitersiedlungen errichtet hatte. Den Wehrgraben mit Bauten aus dem 15. bis 19. Jahrhundert hat eine Bürgerinitiative gerettet. Er wurde unter Denkmalschutz gestellt. Reizvoll am Steyrfluss gelegen, offenbart das Viertel ein Stück früher Industriegeschichte.

SPECIAL

Der Kelch des Herzogs

Wenn im Stift Kremsmünster der Abt gewählt wird, werfen die Benediktinermönche ihre Stimmzettel in den ältesten Messkelch der Welt. Der Tassilokelch (um 780) stammt vom Begründer des Klosters, Herzog Tassilo von Bayern, der später von Karl dem Großen abgesetzt und verbannt wurde. Sein Kloster, das man seit 777 immer wieder zerstörte und neu aufbaute, entwickelte sich zu einem wirtschaftlichen und kulturellen Zentrum der Region. Die Architektur spiegelt seine vielfältigen Funktionen: stille Einkehr, Repräsentation, Forschung, Landbau, das Bewahren alter Kostbarkeiten und die Erziehung junger Menschen im Stiftsgymnasium.

Jod und Salz: Bad Hall

Die Bauern des 19. Jahrhunderts, die ihre Kropfleiden mit dem Quellwasser des heutigen Bad Hall linderten, brachten die Ärzte auf die Idee, das Wasser zu analysieren. Dabei entdeckten sie, dass die Salzquellen, die dem Ort den Namen gaben (Hal = Salz), auch noch einen hohen Jodgehalt aufwiesen. So wurde das Land, das Herzog Tassilo dem Kloster Kremsmünster geschenkt hatte, ab 1855 zu einem erfolgreichen Kurort für Herzkrankheiten, Augenleiden, Gelenkprobleme.

Ein Hauch Nostalgie umgibt den hochmodernen Kurort immer noch und erinnert an die Zeit, als hier Bruckner und Grillparzer Erholung suchten und Gustav Mahler das Kurorchester dirigierte. Heute kommen unter anderem Gäste, um ihre von der Computerarbeit strapazierten Augen mit Jodsolebädern zu kurieren, aber auch um das richtige Verhalten am Arbeitsplatz zu trainieren.

50
60
72
60
50
40
28
LINZ
Leonding
Traun
Ansfelden
WELS
Wels-West
Welser Heide
Kremsmünster
Bad Hall
STEYR
Garsten
ENNS
St. Valentin
St. Florian
Markt St. Florian
Perg
Mauthausen
KZ-Mauthausen
Machland
Donau
Mostviertel
HAAG
Strengberg
WAIDHOFEN a.d. Ybbs
Seitenstetten Markt
Sonntagberg
Wallfahrtskirche
Steyr-Durchbruch
Schlierbach
Kirchdorf a.d. Krems
Micheldorf
Nationalpark Kalkalpen
Sengsengebirge
Reichraminger Hintergebirge
Weyer Land
Weyer-Markt
NSG Gesäuse Ennstal
Windischgarsten
Spital a.P.
Pyhrnpaß
Haller Mauern
Dr.-Vogelsang-Klamm
Tamberg
Stodertal
Hinterstoder
Totes Gebirge
Almtal
Hetzau
St. Gallen
Weißenbach a.d. E.
Altenmarkt
Großreifling
Buchauer Sattel
Gesäuse
Zisterzienserabtei
Wilhering
Eferding
Pucking
Neuhofen a.d. Kr.
Sierning
Molln
Grünau i. A.
Scharnstein
Vorchdorf
Pettenbach
Hengstpaß
Oberlaussa
Großraming
Losenstein
Ternberg
Reichraming
Unterlaussa
Kleinreifling
Hollenstein
Nixloch

Infos

Wels 1

Handels- und Industriestadt (60 000 Einwohner, 317 m) an der Traun. Landwirtschaftszentrum der fruchtbaren Welser Heide. Messestadt.

Geschichte: Ursprung ist die Römerstadt Ovilava, die unter Kaiser Diokletian (284–305) Hauptstadt der Provinz Ufernoricum war.

Sehenswert: Stadtplatz mit **Patrizierhäusern**, darunter das Haus der Salome Alt (Nr. 24, Hoffmann'sches Freihaus). Bemalter **Wasserturm** (1577). Auf **Schloss Pollheim**, um 1501 Sitz des gleichnamigen Landeshauptmanns, heute Musikschule, lebte und dichtete 1513 Hans Sachs. **Tiergarten** (Maria-Theresia-Straße/Herminenhof, April–Okt. tgl. 7.00 bis 19.45, Nov.–März 7.00–18.00 Uhr).

Museen: **Kaiserpanorama**, kolorierte Stereofotografien auf Glas (Pollheimerstr. 17, Mi. 10.00–12.00 u. 14.00–18.00, So. 10.00–16.00 Uhr). **Stadtmuseum Minoritengebäude**, archäologische Sammlung, und **Stadtmuseum Burg**, Stadtgeschichte vom Mittelalter bis zur Neuzeit (beide Di.–Fr. 10.00–17.00, Sa. 14.00 bis 17.00, So. 10.00–16.00 Uhr). **Puppenweltmuseum** (Stelzhamerstr. 14, Sa. 14.00–17.00 Uhr). **Puppenträume**, Puppen- und Bärenmuseum (Heiderosenstr. 58, nach Vereinbarung, Tel. 07242/44631).

Aktivitäten: Freibad mit längster Wasserrutsche Österreichs, Ballonfahren, Golf (18 Loch), Fallschirmspringen, Reiten, Tennis.

Veranstaltungen: **Mittelalterl. Markt** (Mitte Aug.); **Welser Messe** mit technischen und landwirtschaftlichen Messen (im Wechsel mit Ried); **Kart-Rennen**; **Filmfestiwels** (Mitte Juni–Mitte Juli, www.filmfestiwels.at).

Umgebung: Vogelpark **Schmiding** (7 km nordwestl.) mit 350 Vogelarten, total 2400 Exemplare (Mitte März–Okt. 9.00–17.00 Uhr).

ⓘ Tourismusverband, Stadtplatz 55, A-4600 Wels, Tel. 07242/43495, www.wels.at

Kremsmünster 2

Stiller Ort (345 m) im Voralpenland.

Benediktinerstift: Das bautenreiche Stift wurde 777 gegründet. Eichentor (1723, J. Prandtauer); Brückentor (1667) mit dem Stiftswappen und Figuren Herzog Tassilos, Kaiser Karls des Großen, Heinrichs II.; Prälatenhof, umgeben von Stiftsbauten und Stiftskirche (14. Jh., Barockumbau). Romanischer Kreuzgang (13. Jh.), Fischkalter (1690) von C. A. Carlone und J. Prandtauer (1718), Arkaden mit 60 Trophäen. Über den Kaisersaal gelangt man in die Schatzkammer (Tassilokelch), Kunst- u. Waffenkammer, Stiftsbibliothek (Führungen Ostern–Okt. tgl. 10.00, 11.00, 14.00, 15.00, 16.00, Nov.–Ostern Di.–So. 11.00, 14.00 und 15.30 Uhr). Außerhalb des Klosters: Mathematischer Turm (1748–59), Sternwarte (Führung Mai–Okt. tgl. 10.00 und 14.00, Juli und Aug. auch 16.00 Uhr).

Museum: **Musikinstrumente-Museum** mit historischen Blasinstrumenten (Schloss Kremsegg, April–Okt. Di.–So. 10.00–17.00 Uhr).

Aktivitäten: Erlebnisbad, Erlebnispark, Reiten, Asphalt-/Eisstockschießen, Wandern (Wolfgang- und Stifterweg, Mostwanderweg).

Veranstaltungen: **Stiftskonzerte** (Kaisersaal, Mai–Okt.).

ⓘ Tourismusverband, Rathausplatz 1, A-4550 Kremsmünster, Tel. 07583/7212 www.kremsmuenster.at

Bad Hall 3

Modernes Kurbad (388 m) mit Tradition.

Sehenswert: **Kurpark** mit 150 Jahre alten Bäumen. **Badehaus** (1855), jetzt Gesundheitszentrum. **Brunnennymphe** (1862). **Musikpavillon** (1910). **Landesvilla** (1913; Parkstr. 1).

Museum: **Handwerkermuseum** mit Sammlung historischer Haustüren (Eduard-Bach-Str. 4, April–Okt. Do.–So. 14.00–18.00 Uhr).

Aktivitäten: Hallenbad, Erlebnisbad, Golf (18 Loch), Reiten, Fischen, Tennis.

Veranstaltungen: **Kurkonzerte** im Kurpark (Mai–Sept. So. 15.30 Uhr); Operettenfestival (Ende Juni–Anf. Aug.).

Umgebung: Auf Pfarrkirchener Gebiet liegt die ursprüngliche Tassiloquelle im **Sulzbachtal**. Quelltempel (1855), daneben ein Freibad. Im Ort schöne Rokokokirche (1747). In **Sierninghofen** (9 km östl.) erinnert das Kulturbeisel ›Wahlmühle‹ an Bauernführer S. Fadinger.

ⓘ Kurverwaltung, Kurpromenade 1, A-4540 Bad Hall, Tel. 07258/7200 www.badhall.com

Steyr 4

Alte Eisenstadt (40 000 Einw., 311 m) mit moderner Industrie an der Romantikstraße.

Sehenswert: Der **Stadtplatz** mit Rokokorathaus, gotischem ›Bummerlhaus‹ (Nr. 32), Schuberthaus (Nr. 16), barockem Meditzhaus (Nr. 9), barockem Sternhaus (Nr. 12), Leopoldbrunnen (1684); Klosterkirche der Dominikaner (1642) mit Rokokoausstattung. Am Zusammenfluss von Enns und Steyr die **Michaelerkirche** (1635) und **Schloss Lamberg** (1727). Der **Wehrgraben**, erreichbar über die Badgasse, war vom Mittelalter bis Ende des 19. Jh. Industrieviertel.

Museen: **Industrielle Arbeitswelt** (Wehrgrabengasse 7, Di.–So. 9.00–17.00 Uhr). **Weihnachtsmuseum** (Michaelerplatz 2, Mitte Nov.–Mitte Jan. tgl. 10.00–17.00 Uhr).

Aktivitäten: Badeplätze im OT Wehrgraben, Kanu/Kajak, Rudern, Bogenschießen, Kulturradweg Linz–Wels–Steyer.

Umgebung: Im Wallfahrtsort **Christkindl** (2 km westl.) Kirche (1708) von G. B. Carlone und J. Prandtauer vollendet. Im Gasthaus daneben Postamt Christkindl (Advent bis Dreikönig). Schmalspurbahn nach **Grünburg** (Juni bis Sept. Sa./So., Tel. 07257/7102). An der Strecke: **Steinbach a. d. Steyr** (16 km südwestl.), Krippenhaus mit Krippen aus 90 Ländern (Dez.–Dreikönig tgl. 13.00–18.00 Uhr).

ⓘ Tourismusverband, Stadtplatz 27, A-4400 Steyr, Tel. 07252/53229-0, www.steyr.at

St. Florian 5

Marktgemeinde (300 m) am Ipfbach.

Sehenswert: **Stift St. Florian**, um 888 gegründet, Barockbau (1686–1709) von C. A. Carlone und J. Prandtauer. In der Stiftskirche Brucknerorgel (1774) und Grab Anton Bruckners († 1896), im Haupttrakt siebenachsiges Treppenhaus, Marmor- und Kaisersaal (1724).

Museen: **Stiftsmuseum** mit Brucknerzimmer, Kaisertrakt (Führungen Ostern–Okt. 10.00, 11.00, 14.00 und 15.00 Uhr). Im Nachbarort Hohenbrunn **Jagd- und Fischereimuseum** (April–Okt. Di.–So. 10.00–12.00 u. 13.00 bis 17.00 Uhr). In Samesleiten (2 km nordöstl.) Freilichtmuseum **Sumerauerhof** (April–Okt. Di.–So. 10.00– 12.00 und 13.00–17.00 Uhr).

Veranstaltung: **Hörerlebnis Brucknerorgel** (Mitte Mai–Okt. So.–Fr. 14.30 Uhr).

Umgebung: In **Ansfelden** (6,5 km westl.) Bruckner-Geburtshaus (Augustinerstraße 8, April–Okt. Mi. 14.00–17.00, So. 10.00 bis 12.00 und 14.00–17.00 Uhr).

ⓘ Tourismusverband, Marktplatz 3, A-4490 St. Florian, Tel. 07224/5690 www.st-florian.at

Enns 6

Älteste Stadt Österreichs (11 500 Einw.).

Sehenswert: **Altstadt** mit **Stadtturm** (1568; 60 m). **Altes Rathaus**. Gotischer **Arkadenhof** (Bräuergasse 4). **Basilika St. Laurenz** (ca. 800) auf römischen Fundamenten.

Museum: **Museum Lauriacum** (April–Okt. Di. bis So. 10.00–12.00 und 14.00–16.00 Uhr).

Veranstaltungen: **Aperschnalzen**, Winteraustreiben durch Peitschenknallen (1. Jan.).

Umgebung: Bei **Mauthausen** (8 km nördl.) ehem. Konzentrationslager, Gedenkstätte, neben Österreichs größten Granitbrüchen (tgl. April–Sept. 8.00–18.00, Febr./März und Okt.–15. Dez. 8.00–16.00 Uhr).

ⓘ Tourismusverband, Hauptplatz 1, A-4470 Enns, Tel. 07223/82777, www.enns.at

RESTAURANT
HÖSS-HAUS

Treffpunkt der Sportler

Bis ins 20. Jahrhundert blieb die Region Pyhrn-Eisenwurzen schwer erreichbar und geheimnisvoll. Ein Land mit tiefen, felsigen Flusstälern, unzugänglichen Gipfeln, einem wichtigen Alpenübergang und nur wenigen größeren Ortschaften. Ihre Isolation hat der Landschaft die Ursprünglichkeit erhalten. Selbst wenn mittlerweile allein im Pyhrn-Priel-Gebiet 26 Seilbahnen und Lifte auf Skifahrer warten, Schneekanonen für Schneesicherheit sorgen – und im Sommer im Hintergebirge zahlreiche Wanderer über die Höhen ziehen.

Auf der Hutterer Höss im Stodertal: Auch der Einkehrschwung gehört zum Skilaufen.

▲ *Ein fast schon vergessener Anblick: Im Almtal bei Grünau werden noch ›Heumandln‹ aufgerichtet*

▲ *Graugänse der Forschungsstätte Grünau*

▼ *Letztes Sensenwerk: Geyerhammer in Scharnstein*

▲ *Immer ein Fest: Almabtrieb im Almtal*

▼ *Rast an der Alpenvereinshütte ›Almtaler Haus‹*

Kristallklares Wasser, wohin das Auge schaut: Seen, Bäche, Flüsse inmitten einer wildromantischen Landschaft. Auch in dem an intakter Natur so reichen Oberösterreich ist das Almtal ein Erlebnis: Das von der Felswand des Toten Gebirges ›abgemauerte‹ Tal ist sehr dünn besiedelt und steht unter Naturschutz. Als Geologen hier Ölvorkommen entdeckten, durfte mit Rücksicht auf die unvergleichliche Landschaft nicht gebohrt werden.

Burg und Schloss Scharnstein

Scharnstein am Talbeginn war im Mittelalter die wichtigste Siedlung an der Straße zwischen Salzkammergut und Eisenwurzenregion. Die Burg Scharnstein aus dem 12. Jahrhundert überwachte die Route. Heute ist sie eine Ruine.

Das Schloss aus dem 17. Jahrhundert, das jetzt ein Strafrechtsmuseum beherbergt, gehörte der evangelischen Adelsfamilie Jörger, die 1585 in Scharnstein die ersten Hammerwerke errichtete. Damit begründete sie eine Industrie, die bis ins 20. Jahrhundert florierte. Von Scharnstein aus wurden Sicheln und Sensen in die ganze Welt exportiert, genau auf die Getreide- oder Grasart und die regionalen Arbeitstechniken abgestimmt. Im Geyerhammer, dem letzten Werk, das hier produzierte, lässt sich dieses Stück Arbeitskultur heutzutage museal bis in seine Anfänge zurückverfolgen.

Versteckter Adelssitz: Grünau

Den saphirblauen Fluss Alm entlang erreicht man den hübschen Sommerfrischenort Grünau, an den sich kaum besiedeltes Waldland schließt. Es gehört den Nachfahren König Georgs V. von Hannover, der ja nach seiner Abdankung den Titel des Herzogs von Cumberland führte. Tief in den Wäldern versteckt liegt Schloss Auerbach, das vor ein paar Jahren Fotoreporter aus aller Welt belagerten, um ein Bild von einem kleinen Mädchen zu machen. Seine Eltern: Ernst August von Hannover und Caroline von Monaco.

Eine Stiftung der Herzogsfamilie ist der Wildpark Cumberland zwischen Grünau und dem Almtal. Hier setzte Konrad Lorenz ab 1973 seine Studien an Wildgänsen fort. Seine Forschung wird heute auf

▲ Madonna der Wallfahrtskirche Frauenstein

▼ Burg Altpernstein in Micheldorf

▼ Die Zisterzienserbrüder im Stift Schlierbach beim Gebet

▲ *Im Micheldorfer Museum Klangwelten lassen sich die Töne der Region abrufen*

▲ *Konzert in der Bergkirche in Klaus*

▼ *Echoblasen am Almsee*

Kolkraben und Bartgeier ausgedehnt. Im Wildpark hält man nur Tiere, die es hier auch frei lebend gibt oder einmal gab.

Sensen für Russland

›Schwarze Grafen‹ wurden die mächtigen Hammerherren genannt, die sich nahe ihrer wasserbetriebenen Schmieden oft schlossartige Häuser bauten. Rund um Kirchdorf und Micheldorf konzentrierten sich die Sensenschmiede. Der tüchtigste von ihnen war Caspar Zeitlinger. Um 1830 erzeugte er in seinen Werken 200 000 Sensen pro Jahr, die bis Russland exportiert wurden. Sein Herrenhaus in Micheldorf und die angrenzenden Wirtschaftsgebäude verraten viel über die kulturelle und soziale Stellung der ›Schwarzen Grafen‹ und ihrer Mitarbeiter in der Zeit des Frühkapitalismus.

SPECIAL

Audiovisuelles Erlebnis

In Molln erzeugt man bis heute ein traditionelles Musikinstrument, das nicht nur in der Volksmusik, sondern auch in der Klassik verwendet wird: die Maultrommel. ›Brummeisen‹ heisst es lautmalerisch. In der Werkstatt des Franz Wimmer werden seit 1770 Maultrommeln produziert und in alle Welt exportiert.

Sogar eine Musikschule in Molln, die Maultrommelunterricht gibt, hat wieder Zulauf. Das kleine Instrument mit der Stahlzunge, das man zwischen die Lippen klemmt und mit dem Finger zupft, nutzt die Mundhöhle als Resonanzkörper. Zum audiovisuellen Erlebnis wird es im Micheldorfer Museum Klangwelten. Da kann man riesige Maultrommeln sehen und sich an ihrem Brummen ergötzen. Aber auch Tierstimmen, Sturmheulen, Hammerschläge auf Eisen, das Rauschen eines Gebirgsflusses oder der Elektronic-Sound von Hightechwerken lassen sich abrufen.

Spital am Pyhrn

So schön und verlockend sich die Landschaft des Steyrtals heute darbietet, so rau und gefährlich war sie im Mittelalter. Um Kaufleuten und Pilgern Schutz zu gewähren, baute man 1190 vor dem wichtigen Alpenübergang Pyhrnpass ein Hospiz.

▲ Spital am Pyhrn: einst wichtiger und gefährlicher Alpenübergang, heute Wintersportgebiet

▼ Sonnige Pause auf der Schneeschuhwanderung

▼ Skigebiet Hutterer Höss bei Hinterstoder

▲ Im Almsee spiegeln sich die Gipfel des Toten Gebirges

▼ Spitaler Skigebiet Wurzeralm

Daraus entstanden ein Stift, eine schöne Kirche und ein kleiner Ort: Spital am Pyhrn wurde neben dem Handelszentrum Windischgarsten zur wichtigsten Ortschaft des Tals. Kaum ein Reisender wich von der südwärts verlaufenden Straße ab, um in die Seitentäler hineinzuschauen. Die ersten, die das versuchten, waren die Jagdgäste feudaler Gutsherren. Sie entdeckten das abgeschlossene Stodertal, das sich zu einem bezaubernden Plateau am Oberlauf der Steyr öffnet.

Zweitausender zur Auswahl

Mit den ersten Sommerfrischlern kam bescheidener Wohlstand ins Stodertal. Sogar einer, der schon Himalaya, Kilimandscharo oder die neuseeländischen Alpen erwandert und gemalt hatte, war von der Landschaft fasziniert: Edward Theodore Compton (1849–1921). Seine Bilder einer Gegend von ›mannigfacher Schönheit‹ hängen heute noch in der Pension ›Prielkreuz‹, wo er immer wohnte.

Elf Zweitausender halten rund um das Stodertal Wacht. Mittlerweile durch Straßen, Bergbahnen und Wanderwege erschlossen, wirkt die Landschaft dennoch erstaunlich ursprünglich. Und wenn es einen Platz gibt, der mit so viel wunderbaren Gewässern Magie vermittelt, dann ist es der Ursprung der Steyr am Fuß des Toten Gebirges: Sie sprudelt aus kleinen Quellen im Fels, um sich zum Bach, zum Fluss zu vereinen.

Winterliche ›Brettl-Affen‹

›Brettl-Affen‹ nannten die Bauern des Stodertals die ersten Skifahrer. Wer ging schon freiwillig in die Kälte? Dennoch, der Skisport eroberte das abgeschiedene Tal, dem der Winter bisher wenig Freuden gebracht hatte. Um 1920 gab es die ersten Skikurse, in Hinterstoder wurde eine Skischanze gebaut, Tischler und Wagner bastelten an Skibindungen. 1935 holzte man die Hutterer Böden aus. Die ersten Skirennen konnten stattfinden.

Erst 1948 wurde in Hinterstoder ein 230 Meter langer Lift eröffnet, der gerade mal 82 Höhenmeter überwand. Bescheidene Anfänge eines inzwischen perfekt erschlossenen Gebiets. Heute fährt man vom Ortszentrum Hinterstoder mit Kabinen-

▲ Durchbruch der Steyr bei Frauenstein

▼ Dr.-Vogelsang-Klamm nahe Spital am Pyhrn

▲ Mineralien von der Hohen Dirn bei Losenstein im Ennstal

▲ Bei Klaus wurde die Steyr zu einem See aufgestaut, den Bungee-Jumper für sich entdeckt haben

▲ Ungewöhnliche Begegnung bei Reichraming

▼ In Baumschlagerreith endet das Stodertal

bahn und Doppelsessellift von 600 auf 1858 Meter zur Hutterer Höss. Mit dem Doppelsessellift der Bärenalm ist man schnell auf 1150 Meter Höhe. Hier werden seit 1986 Weltcuprennen abgehalten, die bis zu 15 000 Besucher anziehen. Hunderte Freiwillige aus der ganzen Gegend sorgen dabei für ideale Pistenbedingungen und reibungslose Organisation.

SPECIAL

Natur kontra Technik

Als das Hintergebirge 1981 abgesperrt werden sollte, damit die Vöest-Stahlwerke hier ihre Kanonen testen konnten, kam es zu wütenden Protesten unter der Bevölkerung. Zur gleichen Zeit sollte das von 180 Kilometer Fließwasser in Trinkqualität durchzogene Naturgebiet um den Großen Bach in einem Stausee versinken. Naturschützer besetzten das Kraftwerk und erreichten nach langen Kämpfen 1997 die Eröffnung des Nationalparks Kalkalpen. Nicht verhindern konnten die Umweltaktivisten| den Bau der Pyhrnautobahn (A 9), die seit 2003 durchgehend befahrbar ist.

Dass Natur und Technik nicht immer Gegensätze sind, beweist das 1907 von Mauriz Balzarek, einem Schüler Otto Wagners, sensibel in die Landschaft eingefügte Jugendstilkraftwerk am Steyr-Durchbruch zwischen Molln und Klaus.

Von der Enns ins Hintergebirge

Neben Steyr und Krems durchädert die Enns das Pyhrn-Eisenwurzengebiet. In Zeiten, da kristallklares Wasser, wie es in Mengen durchs Hintergebirge fließt, zum raren Gut wird, ist eine Wanderung durch das Hinterland von Reichraming an der Enns ein besonderes Erlebnis. Von allen Seiten gischten Bäche und sammeln sich, wie beim Hochschlachtbach, in ausgewaschenen Steinbecken. Früher gingen hier wahre Holzgewitter nieder – Spuren des Triftens sind kaum noch zu entdecken, obwohl es einstmals 17 Klausen gab, wo sich das Holz sammelte. Die Gross Glaus erinnert noch daran. Heute herrscht hier wunderbare Stille über einer Landschaft, in der seltene Blumen gedeihen und Tiere leben, die anderswo längst von der Bildfläche verschwunden sind.

LINZ
Leonding
Traun
Ansfelden
WELS
Wels-Nord
Wels-Ost
Welser Heide
Marchtrenk
Hörsching
Eferding
Wilhering
Donau
Steyregg
Pulgarn
Enns
ENNS
St. Valentin
Mauthausen
PERG
Machland
Wallsee
St. Florian
Markt St. Florian
Kremsmünster
Sattledt
Bad Hall
Sierning
STEYR
Garsten
Neuzeug
Mostviertel
HAAG
Seitenstetten Markt
Sonntagberg
WAIDHOFEN a.d.Ybbs
Weyer-Markt
Schlierbach
Kirchdorf a. d. Krems
Micheldorf
Klaus a.d. Pyhrnbahn
Steyrling
Molln
Grünau i. A.
Sengsengebirge
Nationalpark Kalkalpen
Reichraminger Hintergebirge
Windischgarsten
Spital a.P.
Pyhrnpaß
Dr.-Vogelsang-Klamm
Haller Mauern
Totes Gebirge
Tamberg
St. Gallen
Gesäuse
Weyrer Land
Steyr-Durchbruch
Wallfahrtskirche
Zisterzienserabtei
NSG
1
2
3
4
5
6
50
60
72
40
28

Infos

Scharnstein 1

Ort (501 m) im Almtal mit Schmiedetradition.
Sehenswert: Ruine Scharnstein (1120). **›Sensenweg‹** durchs alte Hammerwerkviertel, **Geyerhammer** (Mai–Okt. Sa./So. 10.00 bis 12.00 und 14.00–17.00 Uhr).
Kriminalmuseum Schloss Scharnstein (Mai bis Mitte Okt. Di.–So. 9.00–17.00 Uhr).
Aktivitäten: Freibad im OT Viechtwang, Badeplätze an der Alm, Kanu/Kajak, Kutschfahrten, Reiten, Segelfliegen; Langlauf.
Umgebung: Grünau im Almtal (6,5 km südl.) mit Skigebiet Grünau-Kasberg (1747 m, Liftbetrieb nach Schneelage Dez.–Ostern 9.00 bis 16.00 Uhr); Wildpark Cumberland mit Konrad-Lorenz-Forschungsstätte (April–Okt. tgl. 9.00–18.00, Nov.–März Mo.–Fr. 11.00 bis 16.00, Sa./So. 9.00–16.00 Uhr). **Kinderland Schindlbach** (12 km südöstl.; Juli–Mitte Sept. tgl. 10.00–18.00, April–Juni und Mitte Sept.–Okt. Sa./So. 10.00–18.00 Uhr). Am **Almsee** (16 km südl., 2 km Durchmesser) entspringt der kristallklare Almfluss. Der See ist der kälteste Salzkammergutsee; die im Wald versteckten Ödseen sind viel wärmer. Echo-Blaskonzert am Almsee (Mitte Juni bis Mitte Sept. Mi. 19.30 Uhr bei Schönwetter).
ⓘ Tourismusverband, Hauptplatz 13, A-4644 Scharnstein, Tel. 07615/2340; Tourismusverband, Im Dorf 17, A-4645 Grünau im Almtal, Tel. 07616/8268; www.scharnstein.at

Kirchdorf an der Krems 2

Bezirksstadt (450 m) mit historischem Kern.
Sehenswert: Spätgotische **Pfarrkirche St. Georg** mit modernen Glasfenstern aus dem Stift Schlierbach. **Jugendstilhaus** von Mauriz Balzarek (Hauptplatz 3). **Schloss Neupernstein**, von J. Prandtauer umgebauter Bauernhof.
Aktivitäten: Erlebnisbad; Alpenbad Micheldorf (3 km südl.; Naturteich).
Museen: Sensenschmiedmuseum (Micheldorf, Gradnstr. 10, Führungen Mai–Okt. Sa./So. 14.00 Uhr). Nebenan **Klangwelten** (Mai bis Okt. Di.–So. 10.00–17.00 Uhr).
Veranstaltung: Georgiritt in Micheldorf (gerade Jahre Ende April).
Umgebung: Burg Altpernstein (1,5 km südl.), mittelalterliche Befestigung, in der Renaissance ausgebaut, heute Jugendferienlager. In **Schlierbach** (4,5 km nördl.) kunsthistorisch bedeutsames Stift mit einer Glasmalerwerkstatt, die prominente Künstler anzieht (Führungen Mo.–Sa. 10.00 u. 14.00, So. 10.30 u. 14.00 Uhr). Käseschauproduktion (Mo.–Sa. 9.00–12.00 u. 13.00–16.30, So. 10.30–12.00 u. 14.00–16.30 Uhr). In **Steinbach am Ziehberg** (10 km westl.) ist der Kalkofen (1925; bis ca. 1950 in Betrieb) heute Industriedenkmal in reizvoller Umgebung (Mai–Okt. 1. So. im Monat 12.00–17.00 Uhr).
ⓘ Tourismusbüro Kirchdorf, Hauptplatz 23, A-4560 Kirchdorf, Tel. 07582/63474, www.kirchdorf.at

Klaus an der Pyhrnbahn 3

Alte Pass-Siedlung (406 m), heute am Klauser See, einem Steyr-Stausee, gelegen.
Sehenswert: Schloss Klaus (16. Jh.). **Bergkirche Klaus** (1618) mit schönem Barockaltar, auf dem Friedhof kunstvolle Eisenkreuze. Am See **Plastik ›Flügelwolke‹** (Pascal Schöning). **Kraftwerk Klaus** (Tel. 07252/81122-414).
Aktivitäten: Baden, Tauchen, Fischen im Klauser See, Bungee-Jumping (Mai–Okt. So.), Themenweg ›Natur und Technik‹, geführte Wanderungen (Juli–Sept.), Höhlentouren.
Veranstaltungen: Konzerte bei Kerzenlicht in der Bergkirche (Info Tel. 07585/253).
Umgebung: In **Frauenstein** (4 km nördöstl.) Wallfahrtskirche (1488) mit Schutzmantelmadonna (1510–15; Gregor Erhart). **Steyr-Durchbruch** (6 km nordöstl.), enge Schlucht mit Jugendstilkraftwerk (1907). In **Molln** (12 km nordöstl.) Schaufelhacker- und Wagnermuseum (Im Dorf 1, Mai–Okt. So. 9.00 bis 12.00 u. 14.00–17.00 Uhr). Maultrommel-Schaubetrieb Franz Wimmer (Im Sperrboden 1, Mo.–Fr. 9.00–12.00 und 13.00–17.00 Uhr). Idyllischer Ort mit spätgot. Kirche ist **St. Pankraz** (10 km südl.); im Pfarrhof Wilderermuseum (Mai–Okt. Di.–So. 9.00–18.00 Uhr). Ideal zum Wandern und Radeln ist der **Nationalpark Kalkalpen** (170 km²) zwischen Sengsen- und Reichraminger Hintergebirge, höchste Erhebung **Hoher Nock** (1963 m).
ⓘ Tourismusverband Klaus-Steyrling-Kniewas, Kniewas 17, 4572 St. Pankraz, Tel. 07565/31333, www.gemeinde-klaus.at

Windischgarsten 4

Wirtschaftsort (600 m) in herrlicher Lage.
Sehenswert: Barockisierte **Pfarrkirche** mit schönen Grabkreuzen an der Außenmauer (Psalmenweg). **Kulturzentrum Arkadenhof** (1556). **Geologischer Lehrpfad** im Kurpark.
Museum: Handwerksmuseum (Mai–Sept. Mi. 15.00–17.00, So. 10.00–12.00 Uhr).
Aktivitäten: Canyoning, Asphalt-/Eisstockschießen, Paragliding, Klettern, Sommerrodeln; Eislaufen, Skifahren, Langlauf.
Veranstaltung: Lederhosenfest (Aug.).
Umgebung: Vorderstoder, Wander- und Skiangebot (10 km westl.; Hack- und Enghagenlift, nach Schneelage Dez.–April 8.45–16.00 Uhr; Gratisbus ins Skigebiet Hinterstoder); Seerosenteich mit Bademöglichkeit. **Hinterstoder** (15 km westl.; Lifte Bärenalm und Hutterer Höss, nach Schneelage Dez.–April Mo.–Fr. 9.00–16.30, Sa./So. 8.45–16.30 Uhr). Alpineum: Leben, Arbeiten und Skifahren im Gebirge (Mai–Okt. Di.–So. 9.00–17.00 Uhr). **Spital an der Pyhrn** (7 km südl.), barocke Stiftskirche, Felsbildermuseum (Mai–Okt. Mi.–So. 10.00–12.00 u. 14.00–17.00, So. nur nachm.). **Dr.-Vogelsang-Klamm** (2 km weiter südl.), romantische Schlucht mit Sturzbach (Mai–Okt. tgl. ab 7.30 Uhr bis zur Dunkelheit). Bademöglichkeit im **Gleinkersee**; Skigebiet **Wurzeralm** (810–1870 m, nach Schneelage Dez.–April 8.45–16.30 Uhr).
ⓘ Kurverband, Hauptstr. 56, A-4580 Windischgarstner Tal, Tel. 07562/5266, www.windischgarsten.at

Weyer-Markt 5

Einst Verwaltungssitz der Eisenindustrie, heute Erholungsort (399 m) im Ennstal.
Sehenswert: Alter **Marktplatz** mit Bürgerhäusern, spätgot. Sebastiankapelle, Marktbrunnen mit dem Biber. Am Unteren Markt barocker **Innerberger Stadel** und **Balgsetzerhaus**.
Museen: Katzensteiner Mühle (Mai–Okt. So. 14.00–17.00 Uhr). **Flößermuseum Kastenreith** (Mai–Okt. Di.–So. 10.00–12.00 und 14.00 –17.00 Uhr).
Aktivitäten: Floßfahrten auf der Enns, Reiten, Tennis, Eisstockschießen.
Umgebung: Maria Neustift (18 km nördl.), spätgot. Madonna in der Wallfahrtskirche. **Gaflenz** (7,5 km nordöstl.), Skilifte Forsteralm (nach Schneelage 9.00–16.00 Uhr). **Kleinreifling** (4 km südl.), Viehtaler Alm (Lifte 9.00–16.00 Uhr).
ⓘ Tourismusverband Nationalpark Region Ennstal, Arzberg 3, A-4462 Reichraming, Tel. 07254/8414, www.weyer-markt.at

Losenstein 6

Idyllischer Urlaubsort (348 m) im Ennstal.
Sehenswert: Pfarrhof (1718) mit barocken Eisengittern. **Schlosstaverne**, Treffpunkt der Nagelschmiede. **Villa Katherina. Burg Losenstein** (ab 1150). **Nagelschmiedweg.**
Aktivitäten: Wandern (u. a. zum Klausgraben oder zur Tropfsteinhöhle Nixlucke); Skifahren (nach Schneelage 9.00–16.00 Uhr).
Museum: In Trattenbach (9 km westl.) **Freilichtmuseum** um die Taschenmesser-Erzeugung (Mai–Okt., Info Tel. 07256/7376).
ⓘ Gemeindeamt, Eisenstr. 45, A-4460 Losenstein, Tel. 07255/6000, www.losenstein.ooe.gv.at

Adressen

Deutschland: Österreich Information, Klosterstr. 64, 10179 Berlin, Tel. 030/219148-0, Fax 030/2136673, E-Mail: deutschland@austria.info, Internet: www. austriatourism.com

Österreich: Oberösterreich Tourismusinformation, Freistädterstraße 119, A-4041 Linz, Tel. 0732/221022, Fax 7277701, E-Mail: info@oberoesterreich.at, Internet: www.oberoesterreich.at

Schweiz: Österreich Werbung, Zurlindenstr. 60, CH-8036 Zürich, Tel. 1/4571040, Fax 1/4511180, E-Mail: zuerich@austria.info, Internet: www. austriatourism.com

Anreise

Auto: Durch Oberösterreich verlaufen die Westautobahn A1 zwischen Salzburg und Wien, die Innkreisautobahn A8 zwischen Passau und Wels, die Pyhrnautobahn A9 Wels–Kirchdorf, Windischgarsten–Graz und die Mühlkreisautobahn A7 Linz–Unterweitersdorf mit Anschluss nach Freistadt und Tschechien.

Bahn: Quer durch Oberösterreich geht die Westbahnstrecke Salzburg–Wien mit Seitenlinien nach allen Richtungen.

Bus: Ein dichtes Netz von Buslinien durchzieht das Land.

Flugzeug: Flughafen in Linz-Hörsching.

Schiff: Schiffsverbindungen Passau–Linz (Tel. 0732/783607), Linz–Grein–Wachau (Tel. 07479/64640).

Auto fahren

Generell gilt auf Landstraßen Tempo 100 km/h, auf Autobahnen 130 km/h, in Ortschaften 50 km/h, in von Kindern frequentierten Straßen oft 30 km/h; Anschnallpflicht. Autobahn-Vignetten sind an Grenzstationen, Tankstellen, bei Postämtern und Automobilklubs (ADAC, ÖAMTC, ARBÖ) erhältlich; Kosten für Pkw (2006): 72,60 €/Jahr, 21,80 €/2 Monate, 7,60 €/10 Tage. Mautpflichtig sind einige Bergstraßen: im Almtal Grünau–Farrenau (Hochberghaus) und Kasbergalmstraße (derzeit für Privat-Pkw gesperrt) sowie die Hinterstoder-Höss-Panoramastraße. Wohnwagen- und Anhängerverbot auf dem Hengstpass (Windischgarsten–Altenmarkt) und dem Pass Gschütt (Gosaumühle–Rußbach). Pannenhilfe: ÖAMTC Tel. 120, ARBÖ Tel. 123.

Imposant: der 2995 Meter hohe Dachstein, der 1832 zum ersten Mal erstiegen wurde

Camping

Oberösterreich hat 79 Campingplätze – detaillierte Broschüre vom Tourismusverband (siehe Adressen). Besonders reizvoll gelegen sind die Plätze in Hallstatt (Salzkammergut), in der Nähe des Dachsteins, in St. Wolfgang-Appesbach mit eigener Surf- und Segelschule, am Mondsee (Austria Camp) mit Tennis- und Tauchangebot, am Elisabethsee in St. Pankraz in der Region Pyhrn-Eisenwurzen, in unmittelbarer Nähe des Nationalparks Kalkalpen, und in der Gemeinde Klaffer (Mühlviertel) am Südhang des Böhmerwaldes, an einem Badesee direkt am Dreiländereck. Wildcampen ist überall verboten. Ausnahme: Parkplätze, aber nur zur Übernachtung.

Echte Regionalküche: ›Moar Sepp‹ in Pötting

Essen und Trinken

Besonders das Salzkammergut ist kulinarisch sehr kreativ. Dabei spielen Fische eine wichtige Rolle. In den Almregionen gedeihen Rinder und Lämmer unter idealen Bedingungen – hier wird guter Käse gemacht. Das Regionalgericht aber ist Schweinsbraten, und dazu gibt es Knödel, die man in Oberösterreich mit besonders viel Fantasie und Sorgfalt zubereitet. Sie werden aus allen heimischen Getreidearten und Brotsorten gemacht, als Beilage zu Fleisch und Kraut oder mit einer Füllung aus Fleisch, Wurst, Leber, Grammeln (Grieben). Süße Knödel werden mit frischen oder gedörrten Früchten gefüllt. Gasthöfe mit verfeinerter Regionalküche servieren oft verschiedene Knödelarten im Miniformat.

Herrliche Mehlspeisen, wie die Kaisertorte, die Ischlerkrapferln oder den Zaunerstollen aus Schokolade, Nougat und Waffeln, bietet in Bad Ischl die Konditorei ›Zauner‹. Ureigenste Kreation ist die Linzer Torte mit dem Teiggitter über der Konfitüre. Schmalzgebackene Mehlspeisen spielen im Brauchtum eine wichtige Rolle.

Bier, in vielen, oft recht kleinen Brauereien erzeugt, ist das beliebteste Getränk. Daneben behauptet sich Apfel- und Birnenmost, hier ›Landessäure‹ genannt.

Reisedaten Oberösterreich

Flug von Deutschland	Inlandsverkehr	Reisepapiere	Währung	Mietwagen	Benzin	Hotel	Pension	Menü	Einfaches Essen	Ortszeit
Frankfurt/M.–Linz und zurück ca. 425 €	Busfahrt Linz–Freistadt 5,50 €	Personalausweis oder Reisepass	Euro	ab 75 € pro Tag (unbegrenzte Kilometer, Versicherung)	1 Liter Super: 1,20 €	DZ/Frühstück: Luxuskat. ab 130 €, Mittelklasse ab 50 €	Privatzimmer ab 25 € pro Tag	3 Gänge mittlere Kategorie ab 13 €	Tellergericht ab 6,50 €	MEZ

DATEN UND FAKTEN

- **Regionen:** So früh Oberösterreich verkehrsmäßig erschlossen wurde – der Donauweg im Norden und der Weg über den Pyhrnpass im Südosten werden seit der Frühzeit genutzt –, so unberührt ist das Gebiet von 11979 Quadratkilometern mit seinen 1,3 Millionen Einwohnern noch heute in vielen Teilen. Offiziell ist das Land Oberösterreich in vier Regionen geteilt, die allerdings nicht mit den touristischen Regionen übereinstimmen: Traunviertel, Innviertel, Hausruckviertel und Mühlviertel. Das Salzkammergut wird dem Hausruckviertel, die Region Pyhrn-Eisenwurzen dem Traunviertel zugerechnet.
  Die Natur ist von größter Vielfalt: herbe Granitlandschaft im Mühlviertel, sanfte Romantik im Donautal, weite Felder und üppige Auen im Innviertel, bezaubernde Seen sowie imposantes Hochgebirge im Salzkammergut, geheimnisvolle Flusstäler in der Region Pyhrn-Eisenwurzen. Seit 1963 entstanden 80 Natur- und Landschaftsschutzgebiete, vom Europareservat Unterer Inn im Westen und dem Böhmerwald im Norden bis zum jüngsten Nationalpark Kalkalpen im Südosten.
- **Landesnatur:** Mit Ausnahme des Mühlviertels war Oberösterreich in der Urzeit von Meer bedeckt. Nördlich der Donau entstand vor etwa 500 Millionen Jahren die kristalline böhmische Masse und das typische Gestein des Mühlviertels: Granit. Die Kalkalpen mit dem Dachstein und dem Toten Gebirge falteten sich im Mesozoikum auf. Sie sind eine Karstlandschaft mit vielen, zum Teil riesengroßen Höhlen. Durch gewaltige Verwerfungen und Umschichtungen wurde das in Meeresbuchten gesammelte Salz in den Berg gepresst. Das im Salzkammergut seit 3000 Jahren abgebaute Salz ist seinem Ursprung nach Meersalz. Im Tertiär wich das Meer ganz zurück. Aus vorzeitlichen Wäldern, die von Steinmassen begraben wurden, entstanden die Braunkohlenlager des Hausruckgebiets. Vereinzelt gibt es in Oberösterreich auch Erdölvorkommen, die aber, wie im Almtal, mit Rücksicht auf die herrliche Landschaft nicht gefördert werden. Und manchmal kam, wie in Schallerbach, bei den Bohrungen statt Erdöl Thermalwasser an die Oberfläche. Die reizvolle Seenlandschaft des Salzkammerguts und das Ibmer Moos entstanden am Ende der Eiszeit.
- **Klima:** Kontrastreich wie die Landschaft ist das Wetter. Das Seengebiet des Salzkammerguts wird gelegentlich vom ›Schnürlregen‹ heimgesucht, aber es gibt auch außerordentlich heiße Sommertage mit angenehm erfrischenden Abenden. Die Bergregion hat ebenso wie das hügelige Mühlviertel ein eher raues Klima mit frühem Herbstbeginn. In den Beckenlagen können die Sommer sehr heiß und die Winter ziemlich kalt sein.
- **Wirtschaft:** Das von den Kelten in Hallstatt bis 450 v. Chr. geschürfte Salz war der älteste Reichtum des Landes. Doch mit Ausnahme der bereits erwähnten kleinen Braunkohlenlager und geringen Erdölvorkommen ist Oberösterreich Bauernland mit weiten Getreide-, Kartoffel- und Maisäckern, großen Obstgärten und tiefen Wäldern. Wasser war und ist wichtiges Transportmittel und Energielieferant. Seit dem Mittelalter kam Eisen aus dem steirischen Erzberg im Tausch gegen Lebensmittel nach Oberösterreich und wurde zunächst in der wasserreichen Eisenwurzenregion und in Steyr verarbeitet. Schon im 17. Jahrhundert galt Steyr als die Waffenschmiede des Kaiserreichs, im 19. Jahrhundert entstand hier die Großindustrie der Steyrerwerke, die heute BMW-Motoren produziert. In der alten Handelsstadt Linz entwickelten sich ein Zentrum der Stahlproduktion, die Vöest-Werke, ein großer Chemiebetrieb und einer der größten Binnenhäfen Mitteleuropas. Energie aus Wasserkraftwerken versorgt die großen Industriebetriebe. Wasser der Seen, Flüsse und Heilquellen ist ein wichtiger Faktor des Fremdenverkehrs, der in Oberösterreich seit der Monarchie große Tradition hat.

Ermässigungen

Fast alle oberösterreichischen Tourismusregionen bieten ihren Gästen attraktive Ermäßigungstickets an.
Linz-Ticket (20 €): Eintritt in 12 Linzer Museen, Stadtrundfahrt mit dem City Express, Tagesticket für die Straßenbahn, Restaurantgutschein im Wert von 10 €. **4-Quellen-Card** (um 20 €): freier Eintritt in die Bäder Ischl, Hall, Schallerbach, Zell. **Winter-Holiday-Card** am Wolfgangsee (56,50 €): Besuch der Operette ›Weißes Rössl‹, Langlauf-Schnupperstunde, Fackelwanderung, Eisstockschießen oder Rodeln. **Snow & Fun Card** (325 €, Kinder 185 €): Beförderung die ganze Saison in Oberösterreichs Top-Skigebieten. **Salzkammergut-Card** (4,90 €): 30 % Ermäßigung in 100 Freizeitbetrieben, u. a. Bergbahnen, Schifffahrt, Salzbergwerke, Museen. **Böhmerwald-Card** (gratis über Vermieter): speziell für Familien mit Kindern; viele Freizeiteinrichtungen gratis oder stark ermäßigt.

Familienurlaub

Das vorwiegend bäuerliche Land Oberösterreich mit seiner vielfältigen Landschaft birgt viele Möglichkeiten für Familien mit Kindern. Zahlreiche große Bauernhöfe, vor allem im Mühlviertel und in der Pyhrn-Eisenwurzen-Region, bieten zum gemütlichen Quartier auch attraktive Kinderprogramme. Im Salzkammergut gibt es ein reiches Sportprogramm für die ganze Familie. Eine Reihe von Kinderhotels bieten Einrichtungen und Betreuung für unbeschwerte Familienferien (Spezialprospekt und Buchung von attraktiven Familienangeboten über Oberösterreich Tourismusinformation, siehe Adressen).

Feiertage

1. Jan., 6. Jan., 1. Mai, 15. Aug., 26. Okt., 1. Nov., 8., 25. und 26. Dez. Außerdem als bewegliche Feiertage: Ostermontag, Christi Himmelfahrt, Pfingstmontag, Fronleichnam.

Gesundheit

Österreichs Gesundheitswesen ist gut organisiert, in allen größeren Orten gibt es Arztpraxen, das Krankenhausnetz ist sehr dicht. Urlaubskrankenscheine sind erforderlich. Notdienste: Unfallrettung 144, Polizei 133, Feuerwehr 122. Bergrettungsdienst 140, Euro-Notruf 112, Rotes Kreuz Linz 0732/2144, Telefonseelsorge 142.

Hotels (eine Auswahl)

Preise:

€€€€	Doppelzimmer	über 200 €
€€€	Doppelzimmer	150–200 €
€€	Doppelzimmer	100–150 €
€	Doppelzimmer	50–100 €

Sport und Wellness:
Bad Hall: €€€/€€€€ **Herzog Tassilo Kurhotel**, Kurpromenade 1, A-4550 Bad Hall,

Tel. 07258/2611-0, Fax 2611-5, www.tassilo-kurhotel.at. Wellness-Hotel mit eigener Therme (32° C) im Kurpark. 130 Betten.

Bad Ischl: €€€ **Thermenhotel Bad Ischl**, Voglhuberstr. 10, A-4820 Bad Ischl, Tel. 06132/204-0, Fax 27682, www.thermenhotel-badischl.at. Zugang zur Kaisertherme. Solehallenbad mit Freibecken. 178 Betten.

Bad Leonfelden: €€ **Kurhotel Bad Leonfelden**, Spielau 8, A-4190 Bad Leonfelden, Tel. 07213/6363-0, Fax 6363-292, www.vitalitaetszentrum.at. Moor- und Kneipptherapien, Gesundheits- und Schönheitsprogramme. 110 Betten.

Schärding: €€ **Kurhotel Gugerbauer**, Kurhausstr. 4, A-4780 Schärding, Tel. 07712/3191-0, Fax 3191-50, www.hotel-gugerbauer.at. Hallenbad, Sauna, Gesundheits- u. Schönheitsangebote. 50 Betten.

Seewalchen am Attersee: €€/€€€ **Hotel Häupl**, Hauptstr. 20, A-4863 Seewalchen am Attersee, Tel. 07662/6363-0, Fax 6363-62, www.residenz-haeupl.at. Hotel in Traumlage mit Sauna, Dampfbad, großem Sportangebot. 66 Betten.

Wandern und Radeln:

Grünau: € **Waldpension Göschlseben**, Göschlseben 5, A-4645 Grünau, Tel. 07616/8280, Fax 8280-48, www.almegger.at. Gemütliche und komfortable Pension im idyllischen Almtal. 32 Betten.

Haibach: €€ **Hotel Donauschlinge**, Schlögen 2, A-4083 Haibach, Tel. 07279/8212, Fax 8240-41, www.donauschlinge.at. Familienfreundliches Hotel an der Donauschlinge. 270 Betten.

In der Stadt:

Linz: €€€/€€€€ **Arcotel Hotel Nike**, Untere Donaulände 9, A-4020 Linz, Tel. 0732/7626, Fax 7626-2, www. arcotel.at/nike. Zentrale Lage, Sauna, Fitnessklub, Konferenzräume. 352 Betten.

Historismusvilla Paulick in Seewalchen

SPECI-

Vierkanter und Rauchhaus

Ganz unterschiedliche Haustypen trifft man in Oberösterreich an. Die Vierkanthöfe mit bis zu 80 Meter Seitenlänge demonstrieren den behäbigen bäuerlichen Wohlstand des Traunviertels. Wohn- und Arbeitsbereiche bilden ein geschlossenes Viereck um einen Hof. In engen Tälern oder im Gebirge ist für derart aufwendiges Bauen kein Platz. Dort sind die Gebäude in Kreuz- oder H-Form zusammengefügt. Das Rauchhaus, charakteristisch für die Mondseegegend, vereinte alle Bereiche in einem Haus, das vom Rauch und der Wärme des abzuglosen offenen Feuers durchzogen war. Im Attergau dominieren die hakenförmigen Streckhöfe mit daneben stehendem Getreidespeicher. Besonders reizvoll sind die Mühlviertler Bauernhöfe, Vierkanter, Dreiseit- oder Vierseithof, aus weiß verfugten Natursteinen. Eine Kategorie für sich sind die Sommerfrischenvillen des Salzkammerguts, die bäuerliche Elemente sehr verspielt mit der Architektur des Historismus oder Jugendstils verschneiden.

Schärding: €/€€ **Forstingers Wirtshaus**, Unterer Stadtplatz 3, A-4780 Schärding, Tel. 07712/2302-0, Fax 2302-3, www.hotelforstinger.at. Haus von 1606 mit modernem Komfort und erstklassigem Restaurant. Gutes Angelrevier am Inn.

Steyr: €€/€€€ **Minichmayr**, Haratzmüllerstr. 1–3, A-4400 Steyr, Tel. 07252/53410, Fax 4820-2, www.hotel-minichmayr.at. Komfortabel modernisiertes uraltes Haus mit traumhaftem Blick auf Steyr. 85 Betten.

Jugendherbergen

Oberösterreich hat 24 Jugendherbergen und Gästehäuser in allen attraktiven Urlaubsgegenden wie Bad Ischl, Ebensee, Engelhartszell, Freistadt, Hinterstoder, Linz, Mondsee, Obertraun, Weißenbach am Attersee, Weyer, Weyregg am Attersee (Jugendherbergsausweis nötig, kein Alterslimit). Die Jugendgästehäuser verfügen über Ein- bis Fünfbettzimmer, große Aufenthaltsräume und Grünflächen.

Info: Oberösterreichischer Jugendherbergsverband, Bürgerstraße 5, A-4020 Linz, Tel. 0732/654286, Fax 654286-75.

Kuren

Heilkräftige Thermen haben z.B. Bad Hall, Bad Schallerbach, Bad Ischl, Bad Goisern, Geinberg, Bad Zell. Eine Moorkuranlage hat Bad Wimsbach-Neydharting.

Öffnungszeiten

Von der Regel, dass Läden Mo.–Fr. 9.00–18.00, Sa. 9.00–17.00 Uhr geöffnet sind, gibt es viele Ausnahmen. In kleinen Orten haben Privatläden meist von 12.00 bis 14.00 (15.00) Uhr Mittagspause und während der Woche einen halben Tag geschlossen. In Wallfahrtsorten haben viele Läden am Sonntagvormittag geöffnet. Außerhalb der Ladenschlusszeiten kann man in Bahnhöfen und an Tankstellen einkaufen. Postämter: Mo. bis Fr. 8.00–12.00 und 14.00–18.00 Uhr, Hauptpostämter auch Sa. 8.00–10.00 Uhr. Banken: Mo.–Fr. 8.00–12.00 und 14.00–16.30, Do. bis 17.30 Uhr.

Restaurants (eine Auswahl)

Preise:

€€€	Hauptgericht bis ca.	25 €
€€	Hauptgericht bis ca.	16 €
€	Hauptgericht bis ca.	9 €

Oberösterreichische Spezialitäten:

Alkoven: €€ **Schrot und Korn**, Alte Hauptstr. 38, A-4072 Alkoven, Tel. 07274/6331, Fax 71400; Ruhetag: Mo., Di. Landgasthof, Küche aus Bioprodukten.

Altaussee: €€ **Gasthof Loser**, Fischerdorf 80, A-8992 Altaussee, Tel. 03622/71373, Fax 71373-15. Gehobene Hausmannskost, Di. ab 19.00 Uhr frisch geräucherte Forelle.

Bad Schallerbach: €€ **Grünes Türl**, Gebersdorf 1, A-4701 Bad Schallerbach, Tel. 07249/48163, Fax 42932. Gasthaus im Vierkanthof (16. Jh.). Deftige Fleischrahmsuppe, Speckknödel, Spinatnudeln, Schweinsbraten auf hohem Niveau. Berühmte Mehlspeisen: Sandwaffeln mit Powidl (Pflaumenmus), gebackene Nuss- oder Apfelknödel. Hauseigene Obstschnäpse.

Gaspoltshofen: €€ **Klinger**, Jeding 1, A-4673 Gaspoltshofen, Tel. 07735/6913, Fax 7193; Ruhetag: Mo. abends, Di. Ob Surschnitzel, Leberbunkel (Leberknödel), Backhendl oder Topfenknödel – mit leichter Hand verfeinert die Wirtin die deftige Regionalküche. Beste österreichische Weine und Biere.

Hofkirchen im Mühlkreis: €€ **Pühringer**, Marsbach 4, A-4142 Hofkirchen im Mühlkreis, Tel. 07285/293, Fax 293-4; Ruhetag: Do. Vollwertkost aus hofeigenen Rohprodukten.

Weltkulturerbe: Hallstatt am Hallstätter See

Vorchdorf: **Tanglberg**, Pettenbacher Str. 3–5, A-4655 Vorchdorf, Tel./Fax 07614/8397; Ruhetag: Mo., Di. Hier werden Atterochsen, Wild aus dem Salzkammergut, Atterseefische oder Freilandhühner mit höchstem Können und großer Fantasie verarbeitet. Erstklassiges Weinangebot.

Braugasthöfe:

Altheim: **Franz Wurmhöringer**, Marktplatz 1, A-4950 Altheim, Tel. 07723/42204, Fax 42618; Ruhetag: Mo. Bürgerliches Gasthaus wie aus dem Bilderbuch, mit schönem Arkadenhof. Die eigene Brauerei liefert das Bier, dazu gibt es deftige Gerichte.

Kefermarkt: **Erste Oberösterreichische Gasthausbrauerei**, Schloss Weinberg, A-4292 Kefermarkt, Tel. 07947/7111; Ruhetag: Mo. Zum naturtrüben Bier gibt's Bierschnitzel, Forellen, Karpfen im Bierteig.

Ried im Innkreis: **Braugasthof Träger**, Rossmarkt 27, A-4910 Ried im Innkreis, Tel. 07752/82160, Fax 82160-88; Ruhetag: So. Weißbierbrauerei mit Hotelbetrieb und gemütlichem Gasthof, wo regionale Spezialitäten wie Innviertler Knödel oder Surbraten serviert werden.

Mostschenken:

Mondsee: **Riesnerhof**, Tiefgraben 41, A-5310 Mondsee, Tel. 06232/3333; Ruhetag: Mo., Di. Herrlich über dem Mondsee gelegene Mostschenke (im Sommer auch Übernachtung) mit Gastgarten und hübschen Stüberln. Zum Obstmost gibt's Schmalzbrot, Bauernsalat, Topfenkäse, Krapfen, Pofesen, Zwetschkenfleck. Außerdem: selbst gebrannter Obstschnaps und Süßmost.

Pichl bei Wels: **Silbers Mostheuriger**, Silbersberg 3, A-4632 Pichl bei Wels, Tel. 07247/8264; Ruhetag: Mo., Di., im Jan. geschlossen. Mostschänke in schönem alten Presshaus. Den Most aus 2/3 Birnen und 1/3 Äpfel gibt's zu Stelze (Schweinshaxe), Blutwurst, Sulz, Schweinsbraten. Gute Mehlspeisen.

Schwarzenbach: **Zum Mostbauern** (Herta Riegler), Schwarzenbach 1, A-5360 St. Wolfgang, Tel. 06138/2637; Ruhetag: Mo. Altes Gasthaus in idyllischer Stille nahe St. Wolfgang. Zum Most gibt's rustikale kalte Gerichte wie Geselchtes und Topfenkäse. Warme Gerichte wie Surbraten oder Schweinsbraten mit Knödeln muss man bestellen.

Stadtrestaurants:

Gmunden: **Seehotel Schwan**, Rathausplatz 8, A-4810 Gmunden, Tel. 07612/633910, Fax 6339113. Hohe österreichische Küchenkunst mit Schwerpunkt Fisch. Gastgarten mit Seeblick.

Linz: **Der Vogelkäfig**, Holzstr. 8, A-4020 Linz, Tel. 0732/770193, Fax 770193-2; Ruhetag: Sa.–Mo. Lokal mit Wohnzimmeratmosphäre. Perfekte Klassiker und fantasievolle Kreationen.

Ried im Innkreis: **Braugasthof Träger**, Rossmarkt 27, A-4910 Ried im Innkreis, Tel. 07752/82160; Ruhetag: So. Traditionsgasthof mit internationaler Küche sowie Hausmannskost.

Schärding: **Stiegenwirt**, Schlossgasse 2–6, A-4780 Schärding, Tel. 07712/3070, Fax 3070-84; Ruhetag: Do. Schlemmerrestaurant mitten in der Stadt, Innviertler Schmankerlküche (Knödel!).

SPECI-

Tiefgründige Querdenker

Oberösterreich hat viele tiefgründige Querdenker wie den Schriftsteller Thomas Bernhard (1931–1989) oder den Naturschilderer Adalbert Stifter (1805 bis 1868), der ans ›Sanfte Gesetz der Natur‹ glaubte – und sich mit einem Schnitt durch die Kehle umbrachte. Alfred Kubin (1877–1959) bannte die Dämonen seiner Depression in düstere Grafiken und expressionistische Texte. Anton Bruckner (1824–1896), der ›Musikant Gottes‹, erfand eine Tonsprache, die erst die Generationen nach ihm verstanden. Franz Stelzhamer (1802 bis 1874) machte sich als Mundartdichter einen Namen – und als Autor der oberösterreichischen Landeshymne.

GESCHICHTE

Rund 50000 Jahre alt sind die ältesten Funde menschlicher Besiedlung in Oberösterreich: Schab- und Schneidewerkzeuge aus Hornstein wurden 1981 in einer Höhle des Toten Gebirges entdeckt. Reiche Funde gibt es aus der Zeit der Pfahlbauern (3000–2000 v. Chr.) beim Mondsee. Der Keltenstamm, der zwischen etwa 750 und 450 v. Chr. in Hallstatt Salz schürfte, gab einer ganzen Kultur den Namen.
16 v. Chr. kamen die Römer ins Land, angelockt von den Metallvorkommen, und gründeten die Siedlungen und Kastelle Ovilava (Wels), Lauriacum (Lorch bei Enns) und Lentium (Linz).
Im 7. Jahrhundert gewannen die bajuwarischen Agilolfinger Einfluss. Ihre Herzöge Odilo und Tassilo gründeten die Klöster Mondsee und Kremsmünster. Bis ins 19. Jahrhundert stellte Bayern immer wieder Gebietsansprüche an das ›Land ob der Enns‹, wie es ab 1282 genannt wurde. Unter dem Habsburger Albrecht VI., der in Linz residierte, wurde es Fürstentum.
Im 16. Jahrhundert gewann Maximilian I. das bayerische Mühlviertel für Österreich. 1519 starb er auf der Burg von Wels.
Die Spannungen zwischen Katholiken und Protestanten spalteten Oberösterreich. Das Land wurde von Ferdinand II. aus Erbschaftsgründen an den rigoros katholischen bayerischen Kurfürsten Maximilian ausgeliefert. 60000 Bauern marschierten 1626 aus Protest gegen Ausbeutung und religiöse Unterdrückung mit ihrem Anführer Stephan Fadinger nach Linz. Fadinger wurde verwundet und starb, der Bauernaufstand brach zusammen. Der Protestantismus zog sich vor allem in die entlegenen Regionen des Salzkammerguts zurück.
In wechselnden politischen Konstellationen gehörte das Innviertel bis 1816 zu Bayern. Erst Kaiser Franz Joseph ernannte 1861 Oberösterreich zum gleichberechtigten ›Erzherzogtum Österreich ob der Enns‹. Seit Ende der Monarchie 1918 führt das drittgrößte österreichische Bundesland offiziell den Namen Oberösterreich.

SOUVENIRS

Das Oberösterreichische Heimatwerk (Linz, Landstr. 31) hat Trachtenmode und Kunsthandwerk, etwa Gmundner Keramik. Beim Fischer-Sepp in Seewalchen/Attersee transportfähig verpackte geräucherte Forellen und Saiblinge. Nur per Katalog zu erwerben sind die Produkte des Gourmetversands LandArt, Egelseestr. 44, A-4866 Unterach, Tel. 07665/6011. Spitzen-

Goldhauben, aus Spitze und Flitter von Hand genäht, sieht man bis heute bei bäuerlichen Festen

weine aus Österreich verschickt WeinArt, Forstamt 12, A-4854 Steinbach am Attersee, Tel. 07663/8902-22.

Sport

Angeln: Überall Fischerkarte erforderlich. Ein Treffpunkt der Fliegenfischer ist Traun in Gmunden, beim Gasthof ›Marienbrücke‹.

Baden: Kältester See ist der Almsee (max. 17° C). Wärmste Salzkammergutseen sind Mond- und Irrsee. Gute Badetemperaturen von Frühsommer bis Frühherbst haben die Moorseen im Ibmer Moos. Frei- bzw. Hallenbäder in fast allen größeren Gemeinden.

Bergsteigen/Wandern: Besonders schön am Dachstein, im Pyhrn-Priel-Gebiet und in Hinterstoder (Pyhrn-Eisenwurzen-Region).

Golf: 19 Plätze.

Radfahren: U. a. Salzkammergut-, Enns-, Inntal-, Donauradweg, Linz-Wels-Steyr-Kulturradweg. Radverleih in allen Tourismusorten und an Bahnhöfen.

Reiten: U. a. Ampflwang, Mühlviertler Alm.

Tauchen: Gern im Attersee. Renommierte Tauchschule am Hallstätter See.

Tennis: Großes Angebot.

Wassersport: Beliebtestes Segelrevier ist der Attersee. Auf Atter- u. Traunsee Motorbootbetrieb bis 80 kW Sept.–Juni 7.00–22.00 Uhr erlaubt. Am Wolfgangsee Innenborder Sept. bis Juni 7.00–10.00 und 17.30–21.00 Uhr erlaubt. In der Bergregion: Canyoning, Rafting, Kanu- u. Kajakfahren.

Wintersport: Top-Skigebiete: Region Pyhrn-Eisenwurzen, Obertraun-Dachstein-Krippenstein, Hochficht im Mühlviertel, Feuerkogel und Kasberg im Salzkammergut.

Mountainbiken, Radsport für Bergfexe

Telefonieren

Vorwahl nach Österreich: 0043 + Ortsnetzzahl ohne Null. Vorwahl von Österreich nach Deutschland: 0049. Auslandsgespräche von allen Münz- und Kartentelefonen. Telefonkarten bei Post oder Trafiken (Tabakläden).

Veranstaltungen

Florierende Messestädte sind Wels, Ried, Linz. In vielen Orten findet auf alten Dorf- und Stadtplätzen ein wöchentlicher Bauernmarkt statt. Auf dem Festkalender stehen u. a.:

Jan.: Glöcklerlauf (5.) im Salzkammergut.

Febr.: Karneval mit Umzügen und Bällen, besonders originell im Salzkammergut.

Juni: Bootsprozessionen im Salzkammergut (Fronleichnam); Boogie 'n' Blues in Bad Ischl; Linzer Kultursommer (bis Sept.).

Juli/Aug.: Operetten in Bad Ischl, St. Wolfgang, Bad Hall; Pflasterspektakel in Linz; Sommerfestspiele und Donaufestwochen in Grein; ›Jedermann‹ in Mondsee; Konzertsommer in Braunau (bis Sept.).

Sept.: Ars-Electronica- u. Brucknerfest in Linz; Mondseetage (Konzerte, Lesungen).

Nov./Dez.: Advents- und Weihnachtsmärkte; große Krippenschauen; Christkindlpostamt im Wallfahrtsort bei Steyr.

SPECI-

Altes Brauchtum

Bis heute unverändert gepflegt wird ein sehr eigenständiges Brauchtum, das sich in den lange Zeit völlig abgeschlossenen Tälern Oberösterreichs, vor allem im Salzkammergut, entwickelte. Das Winteraustreiben geschieht mit dem theatralischen Lauf der Glöckler: Männer in weißen Gewändern mit leuchtenden Kappen rennen Glocken schwingend um die Traunseeorte. Hallstatt und Traunkirchen feiern Fronleichnam mit berührenden Bootsprozessionen. Der Salzburger ›Jedermann‹ hat in Mondsee eine bäuerliche Variante, die seit 1922 in Mondseer Mundart gespielt wird. Der Almabtrieb des Viehs gerät in vielen Gemeinden zum fröhlichen, blumenbunten Fest, gefeiert in Tracht.

Das Dirndl, die Goldhaube, zu der man ein Taftkleid trägt, Lederhosen und Walkjanker oder der ›Hendlleinerne‹, ein schilffarbiger Leinenanzug, gehören auch für Städter selbstverständlich zur Garderobe. Die Goiserer – Bergschuhe mit Metallbeschlag – werden nach uralten Mustern gefertigt. Dem Gamsbart am Trachtenhut – aus den Grannen des Winterfells der Gams – gilt eine ›Olympiade‹, bei der die schönsten Exemplare Preise bekommen.

Wetterdaten

Linz	Tagestemp.	Nachttemp.	Wassertemp.	Tage mit Niederschlag	Sonnenstunden pro Tag
Januar	1°	−3°	1°	9	1
Februar	4°	−2°	2°	9	3
März	9°	1°	5°	9	4
April	15°	5°	9°	10	5
Mai	20°	9°	13°	11	7
Juni	22°	13°	15°	12	7
Juli	24°	14°	16°	11	7
August	24°	14°	16°	10	7
September	20°	11°	14°	8	5
Oktober	14°	6°	10°	7	4
November	7°	2°	5°	9	2
Dezember	3°	−2°	2°	10	1

Durchschnittswerte Quelle: Deutscher Wetterdienst, Hamburg

Register

Register

Fette Ziffern verweisen auf Abbildungen.

Impressum

2. aktualisierte Auflage 2007
Verlag: HB Verlag, Marco-Polo-Straße 1, 73760 Ostfildern, Postfach 3151, 73751 Ostfildern, Tel. 0711/4502-0, Fax 0711/4502-135, www.hb-verlag.de, info@bildatlas.de
Geschäftsführer: Dr. Thomas Brinkmann, Dr. Stephanie Mair-Huydts

Chefredaktion und Programmleitung: Rainer Eisenschmid, Birgit Borowski
Redaktion: Elke Schäle-Schmitt
Text und Bildrecherche: Eva Bakos, Wien
Aktualisierung 2007: Diane Naar-Elphee und Walter M. Weiss
Exklusiv-Fotografie: Thomas Peter Widmann, Regensburg
Zusätzliches Fotomaterial: Forstliche Ausbildungsstätte Ort: S. 32 Mitte; Engelhardt-Sellin, Aschau: S. 77 Mitte; Pressebildagentur rubra, Ottensheim: S. 79 oben
Grafische Konzeption und Layout: CYCLUS · Visuelle Kommunikation, Stuttgart
Layout: Rolf Bünermann, Gütersloh
Kartografie: © MAIRDUMONT GmbH & Co. KG, Ostfildern
HB Bildatlas Fotoservice: HB Verlag, Marco-Polo-Straße 1, 73760 Ostfildern, Tel. 0711/4502-266, Fax 0711/4502-1006, a.nebel@mairdumont.de

Anzeigenvermarktung: MAIRDUMONT MEDIA, Te. 0711/4502-333, Fax 0711/4502-1012, media@mairdumont.com, http://media.mairdumont.com
Vertrieb Zeitschriftenhandel: PARTNER Medienservices GmbH, Postfach 810420, 70521 Stuttgart, Tel. 0711/7252-227, Fax 0711/7252-310
Vertrieb Abonnement: Zenit Pressevertrieb GmbH, Postfach 810640, 70523 Stuttgart, Tel. 0711/7252-265, Fax 0711/7252-333, hbverlag@zenit-presse.de
Vertrieb Buchhandel und Einzelhefte: MAIRDUMONT GmbH & Co. KG, Marco-Polo-Straße 1, 73760 Ostfildern, Tel. 0711/4502-0, Fax 0711/4502-340
Reproduktionen: Otterbach Medien KG GmbH & Co., Rastatt
Druck und buchbinderische Verarbeitung: Neef + Stumme GmbH & Co. KG, Wittingen. Printed in Germany

Zeichenerklärung

Lieferbare Ausgaben

HB Bildatlas

DEUTSCHLAND

227 Allgäu
198 Altmühltal
204 Bayerischer Wald
235 Berlin
235 Berlin (englische Ausgabe)
289 Bodensee
298 Brandenburg
296 Chiemgau · Berchtesgadener Land
274 Dresden · Sächsische Schweiz
256 Eifel · Aachen
260 Elbe und Weser · Bremen
303 Erzgebirge · Vogtland · Chemnitz
190 Fichtelgebirge · Frankenwald · Coburger Land
242 Frankfurt · Taunus · Rheingau
269 Fränkische Schweiz
253 Hamburg
263 Harz
188 Hessisches Bergland
234 Hunsrück · Naheland · Rheinhessen
233 Leipzig · Halle · Magdeburg
209 Lüneburger Heide
285 Mainfranken
179 Mecklenburgische Seen
240 Mecklenburg-Vorpommern
151 Mittelfranken
249 Mosel
165 München
255 Münsterland · Münster
281 Nordseeküste Schleswig-Holstein
196 Oberbayern zwischen Lech und Inn
271 Odenwald · Bergstraße
219 Osnabrücker Land · Emsland · Oldenburger Münsterland · Grafschaft Bentheim
211 Ostfriesland · Oldenburger Land
290 Ostseeküste Mecklenburg-Vorpommern
277 Ostseeküste Schleswig-Holstein
215 Pfalz
194 Potsdam · Havelland
243 Rhein zwischen Köln und Mainz
288 Rhön
208 Rügen · Usedom · Hiddensee
300 Ruhrgebiet
258 Sachsen
286 Sachsen-Anhalt
268 Sauerland
200 Schwäbische Alb
266 Schwarzwald · Norden
214 Spreewald · Lausitz
247 Südlicher Schwarzwald
224 Sylt · Amrum · Föhr
182 Tauber und Neckar · Stuttgart · Heilbronn · Rothenburg
173 Teutoburger Wald · Ostwestfalen
261 Thüringen
301 Thüringer Wald
202 Trier
237 Weserbergland

BENELUX

246 Amsterdam
187 Flandern · Brüssel
275 Niederlande

FRANKREICH

160 Atlantikküste
278 Bretagne
217 Burgund
225 Côte d'Azur · Monaco
222 Elsass
221 Korsika
295 Normandie
229 Paris
192 Provence
184 Südfrankreich · Languedoc-Roussillon

GRIECHENLAND

193 Athen · Peloponnes
189 Korfu · Ionische Inseln
228 Kreta
166 Zypern

GROSSBRITANNIEN · IRLAND

294 Irland
197 Kanalinseln
175 London
231 Nordengland
144 Schottland
241 Südengland
216 Wales

ITALIEN · MALTA · KROATIEN

195 Adriaküste · Emilia-Romagna
239 Gardasee · Trentino
156 Golf von Neapel · Kampanien
265 Italienische Riviera
282 Italien · Norden
238 Kroatische Adriaküste
254 Malta
210 Mittelitalien: Marken · Umbrien · Abruzzen
270 Oberitalienische Seen · Mailand
230 Piemont · Aostatal
226 Rom
264 Sardinien
232 Sizilien
201 Süditalien: Apulien · Basilikata
207 Südtirol
267 Toskana
181 Venedig · Venetien · Friaul · Triest

MITTEL- UND OSTEUROPA

292 Baltikum
164 Böhmen
280 Bulgarien
283 Danzig · Ostsee · Masuren
248 Prag
291 St. Petersburg
244 Südpolen · Breslau · Krakau
297 Ungarn

ÖSTERREICH

162 Burgenland
293 Kärnten
199 Niederösterreich · Wachau
218 Oberösterreich
220 Salzburger Land · Salzkammergut · Salzburg
174 Tirol
206 Wien

SCHWEIZ

302 Tessin
191 Westschweiz

SPANIEN · PORTUGAL

236 Algarve · Lissabon
223 Andalusien
287 Barcelona
150 Costa Blanca
262 Costa Brava
176 Gran Canaria · Fuerteventura · Lanzarote
213 Ibiza · Formentera · Menorca
259 Kanarische Inseln
245 Lanzarote
212 Mallorca
203 Nordportugal
205 Nordspanien
177 Teneriffa · La Palma · Gomera · Hierro

SKANDINAVIEN

183 Bornholm
279 Dänemark
186 Jütland
180 Nordnorwegen
276 Norwegen · Süden
169 Südfinnland · Helsinki
250 Südschweden · Stockholm

TÜRKEI

252 Türkische Mittelmeerküste

AUSSEREUROPÄISCHE ZIELE

273 Australien Osten · Sydney
284 China
251 Kanadas Westen
299 Neuseeland
272 New York
257 Südafrika

HB Bildatlas Special

AFRIKA · NAHER OSTEN

67 Ägypten
64 Arabien: V. A. Emirate · Oman · Kuwait · Qatar · Bahrain
52 Indischer Ozean: Madagaskar · Mauritius · La Réunion · Seychellen · Komoren
72 Marokko
61 Namibia
71 Tunesien · Libyen

AUSTRALIEN

45 Australien: Westen

EUROPA

54 Madeira · Azoren · Kapverden

SÜD- UND SÜDOSTASIEN · FERNER OSTEN

12 Bali · Lombok · Java
10 Hongkong
53 Indien: Rajasthan · Delhi · Agra
69 Philippinen
49 Südkorea
70 Thailand
36 Vietnam

SÜD- UND MITTELAMERIKA · KARIBIK

44 Argentinien
57 Chile
55 Dominikanische Republik · Haiti
63 Ecuador und Galápagos-Inseln
60 Jamaika
65 Kleine Antillen: Antigua · Guadeloupe · Martinique · Barbados u. a.
73 Mexiko
51 Peru

USA · KANADA

58 Alaska
62 Florida
2 Kalifornien
32 Kanadas Osten
68 Las Vegas · Grand Canyon
46 Neuengland · Boston
56 Nordwesten: Washington · Oregon
66 Route 66
26 Südwesten: Nevada · Utah · Arizona · New Mexico
59 Texas

HB Bildatlas Sonderausgaben

24 Ski-Special Alpen 2007
25 Alpen Special 2007

Überall im Pressefachhandel, Buchhandel und Bahnhofsbuchhandel erhältlich oder zu bestellen unter
Telefon 0711/4502-0,
Fax 0711/4502-340

PRESSE · PRESSE & BUCH IM BAHNHOF